T0194549

essentials

essentials liefern aktuelles Wissen in konzentrierter Form. Die Essenz dessen, worauf es als „State-of-the-Art" in der gegenwärtigen Fachdiskussion oder in der Praxis ankommt. *essentials* informieren schnell, unkompliziert und verständlich

- als Einführung in ein aktuelles Thema aus Ihrem Fachgebiet
- als Einstieg in ein für Sie noch unbekanntes Themenfeld
- als Einblick, um zum Thema mitreden zu können

Die Bücher in elektronischer und gedruckter Form bringen das Expertenwissen von Springer-Fachautoren kompakt zur Darstellung. Sie sind besonders für die Nutzung als eBook auf Tablet-PCs, eBook-Readern und Smartphones geeignet. *essentials:* Wissensbausteine aus den Wirtschafts-, Sozial- und Geisteswissenschaften, aus Technik und Naturwissenschaften sowie aus Medizin, Psychologie und Gesundheitsberufen. Von renommierten Autoren aller Springer-Verlagsmarken.

Weitere Bände in der Reihe http://www.springer.com/series/13088

Stephan Proksch

Mediation

Die Kunst der professionellen
Konfliktlösung

Springer Gabler

Stephan Proksch
Wien, Österreich

ISSN 2197-6708   ISSN 2197-6716   (electronic)
essentials
ISBN 978-3-658-22979-5   ISBN 978-3-658-22980-1   (eBook)
https://doi.org/10.1007/978-3-658-22980-1

Die Deutsche Nationalbibliothek verzeichnet diese Publikation in der Deutschen Nationalbibliografie; detaillierte bibliografische Daten sind im Internet über http://dnb.d-nb.de abrufbar.

Springer Gabler
© Springer Fachmedien Wiesbaden GmbH, ein Teil von Springer Nature 2018

Springer Gabler ist ein Imprint der eingetragenen Gesellschaft Springer Fachmedien Wiesbaden GmbH und ist ein Teil von Springer Nature
Die Anschrift der Gesellschaft ist: Abraham-Lincoln-Str. 46, 65189 Wiesbaden, Germany

Was Sie in diesem *essential* finden können

- Was ist Mediation
- Wie funktioniert Mediation
- Wann kann man Mediation anwenden
- Die Grundprinzipien der Mediation
- Wie läuft ein Mediationsverfahren ab
- Welche Gesprächstechniken werden in der Mediation eingesetzt
- Wie wird man Mediatorin oder Mediator

Vorwort

Sie sind im beruflichen Alltag oder privat immer wieder mit Konflikten konfrontiert. Es muss doch eine andere Lösung geben als den Streit und schließlich eine Entscheidung die Sieger und Verlierer produziert! Die gibt es: Mediation. Eine Methode zur Konfliktlösung, die Sie selbst anwenden können.

Es ist mir ein Anliegen, dass es uns allen, sei es in der Familie, Nachbarschaft, Schule, Arbeitswelt oder Politik, gelingt, Spannungen bis hin zu Konflikten besser zu bewältigen und destruktive Eskalation zu vermeiden. In dieser heutigen Zeit, die von Auseinandersetzungen und Kriegen geprägt ist können wir alle ein Zeichen setzen, indem wir nach konstruktiven Lösungen suchen, auch wenn diese eine Portion Selbstkritik und Überwindung kosten.

Egal ob Sie in einen Konflikt selbst involviert sind oder einen solchen zwischen zwei Parteien schlichten müssen: Dieses *essential* stellt anschaulich den Weg vom Problem zur Lösung anhand von konkreten Beispielen aus der Praxis dar.

Inhaltsverzeichnis

Was ist Mediation?

Zusammenfassung

Dieses Kapitel vermittelt einen ersten Überblick zum Thema Mediation: Zunächst wird der Begriff definiert und anschließend die wesentlichen Merkmale des Verfahrens dargestellt. Ein Blick in die Entwicklung der Mediation erleichtert das Verständnis der Mediation als entwicklungsgeschichtlichen Fortschritt gegenüber traditionellen Formen der Streitbeilegung. Anschließend wird die Funktionsweise der Mediation als interessensbasierte Verhandlungsmethode erläutert.

© Robert Fucik

© Springer Fachmedien Wiesbaden GmbH, ein Teil von Springer Nature 2018
S. Proksch, *Mediation,* essentials, https://doi.org/10.1007/978-3-658-22980-1_1

1.1 Begriff und Merkmale der Mediation

Mediation bedeutet wörtlich „Vermittlung" und ist ein Verfahren zur Klärung und Bereinigung von Konflikten, in dem eine allparteiliche Dritte, die Mediatorin[1], die Parteien bei der Lösungsfindung unterstützt (vgl. Besemer 1999). Dabei sind folgende Merkmale für das Mediationsverfahren grundlegend und unterscheiden es von anderen Verfahren der Konfliktbearbeitung:

Selbstverantwortung der Konfliktparteien: Diese delegieren den Konflikt nicht an eine Instanz, die für sie entscheidet, sondern sie übernehmen selbst die Verantwortung für die Konfliktbearbeitung. Die Mediatorin trifft keine Entscheidungen bezüglich des Konfliktgegenstandes, sondern unterstützt die Parteien dabei, selbst eine Lösung zu finden.

Allparteilichkeit der Mediatorin: Sie ist nicht distanziert neutral sondern bestrebt, beide Seiten zu verstehen und die Darlegung sowie die Verwirklichung der Interessen beider Seiten zu fördern. Sie erhebt nicht den Anspruch einer objektiven Beurteilung sondern akzeptiert die subjektiven Sichtweisen der Parteien.

Zielorientierung des Verfahrens: Zweck eines Mediationsverfahrens ist es, für eine Konfliktsituation eine von allen Seiten akzeptierte Lösung zu erarbeiten. Es geht nicht um Harmonie sondern um praktikable Entscheidungen und Ergebnisse (vgl. Simon 2010). Die Lösung wird zu Beginn in Form einer Absichtserklärung als Ziel definiert. Der Mediationsprozess wird auf Basis des definierten Ziels entwickelt.

Bereitschaft zur Verhandlung: Voraussetzung für eine gelingende Mediation ist die Bereitschaft der Parteien, sich aktiv und persönlich an der Entwicklung einer Lösung zu beteiligen (vgl. Rubin et al. 1994) In manchen Fällen wird diese durch Dritte (Vorgesetzte, Richter,…) aktiv gefördert, zum Beispiel durch Verdeutlichung der Konsequenzen einer Nichteinigung: lange Gerichtsprozesse, fortdauernder Streit, usw.

Vertraulichkeit des Verfahrens: Die Inhalte des Mediationsverfahrens sind streng vertraulich. Das bedeutet, dass die Mediatorin an absolute Verschwiegenheit gegenüber außenstehenden Personen gebunden ist. Auch Auftraggeber dürfen von der Mediatorin nicht über die Ergebnisse des Verfahrens unterrichtet werden. Über eine Weitergabe von Informationen entscheiden in der Regel die Konfliktparteien selbst.

---

[1]In diesem Text wird eine geschlechterneutrale Sprache verwendet indem kapitelweise abwechselnd die weibliche und die männliche Form benützt wird.

1.2 Die Entwicklung von Mediation als Konfliktlösungsverfahren

Seit Menschen zusammenleben und gemeinsam Aufgaben bewältigen müssen, gibt es natürlicherweise unterschiedliche Sichtweisen und Meinungen. Daraus ergeben sich manchmal Differenzen und Spannungen bis hin zu Konflikten. Die Frage, wie diese gelöst werden können, ist so alt wie die Menschheit. Im Verlauf der kulturellen Entwicklung wurden immer wieder neue Formen der Konfliktlösung entwickelt.

Die ursprünglichsten Formen, die wir auch im Tierreich finden, sind Flucht oder Kampf (vgl. Schwarz 2001). Es herrscht das „Faustrecht", der Stärkere setzt sich durch. Diese Formen der Konfliktlösung, die heute noch in manchen Teilen der Welt oder auch bei Kindern praktiziert werden, haben den Nachteil, dass sie Konflikte entweder gar nicht oder auf brutale Art lösen, mit zumeist gravierenden Folgen für die Beteiligten.

Später entwickelten sich hierarchische Strukturen als Formen der Konfliktbearbeitung. Eine gesellschaftlich höher stehende Person, ein Stammesführer, Fürst, ein gewählter Vertreter oder eine andere Autorität, hat Entscheidungsgewalt. Diese Form der Konfliktlösung verzichtet zwar weitgehend auf physische Gewalt, die Entscheidungen werden aber subjektiv getroffen, und das Kriterium der Gerechtigkeit bleibt oft auf der Strecke. Noch heute ist diese Form der Konfliktlösung in der Arbeitswelt stark verbreitet. Treten Konflikte zwischen Kolleginnen oder Kollegen auf, so wird von der Führungskraft erwartet, dass diese das Problem löst.

Der Mangel an Objektivität konnte durch die Entwicklung des Rechtssystems behoben werden. Neutrale Instanzen, zum Beispiel Gerichte, können nun auf Basis des geschriebenen und kodifizierten Rechts weitgehend objektiv durch Urteil entscheiden. Dadurch konnte die Qualität der Entscheidung deutlich verbessert und Rechtssicherheit geschaffen werden. Doch auch diese, in vielen modernen Demokratien praktizierte Form der Konfliktlösung, hat bedeutende Nachteile. Nicht jede Auseinandersetzung lässt sich durch ein Urteil bereinigen, und zwar allein schon deshalb, weil nie mit Sicherheit gesagt werden kann, was wahr und was gerecht ist. Was die Konfliktparteien darunter verstehen, muss zuerst definiert werden und ist von Fall zu Fall unterschiedlich. Daraus entstehen langwierige und kostspielige Verfahren, manchmal durch mehrere Instanzen, die mehr Verlierer als Gewinner produzieren und dabei das eigentliche Problem nicht lösen. Was nützt ein Schuldspruch einem Paar, das sich trennen möchte? Wer profitiert durch ein Urteil in einem Gesellschafterstreit, wenn das Unternehmen dadurch in Schieflage gerät? Dazu kommt, dass Emotionen, der eigentliche Zündstoff der meisten Konflikte, durch die Objektivierung unberücksichtigt bleiben.

Was zählt, sind Fakten. Doch die Emotion bricht sich früher oder später ihre Bahn. Somit schreitet die Konflikteskalation fort.

Diese massiven Unzulänglichkeiten der herkömmlichen Formen der Streitbeilegung führten dazu, dass nach anderen, effizienteren und gerechteren Methoden gesucht wurde. Aus Lösungsmodellen unterschiedlicher Kulturen und Fachgebiete entstand Ende des zwanzigsten Jahrhunderts Mediation in unserer heutigen Form. Sie unterscheidet sich in vielerlei Hinsicht deutlich von den oben geschilderten Formen der Konfliktlösung: Subjektivität ersetzt Objektivität, Selbstverantwortung ersetzt Delegation und autonome Verfahrensgestaltung ersetzt Entscheidungsgewalt.

1.3 Wie funktioniert Mediation?

„Streitende sollten wissen, dass nie einer ganz recht hat und der andere ganz unrecht" (Kurt Tucholsky).

Im oben genannten Fall streiten Peter und Andrea um das Erbe, das Haus des verstorbenen Vaters. Jeder für sich hat gute Gründe, das Erbe zu beanspruchen. Andrea zum Beispiel hat immer im Haus gewohnt, sich um die Instandhaltung gekümmert und den Vater gepflegt. Ihr Bruder war ja nie da und hat wenig Interesse gezeigt. So sieht sie die Welt und für sie ist völlig klar, dass sie das Haus bekommen muss. Auch Peter ist sich seiner Sache ziemlich sicher. Er hat seit seinem 16. Lebensjahr nichts von den Eltern bekommen, während seine Schwester nur halbtags gearbeitet und das Vermögen der Eltern aufgebraucht hat. Daher hat er natürlich ein Anrecht auf das Haus!

So lassen sich beide Positionen gut begründen. Jeder von uns kennt zahlreiche Beispiele von Konflikten, sei es in der Partnerschaft, der Nachbarschaft, der Schule oder im Betrieb. Jeder Beteiligte hat subjektiv und individuell gesehen recht, jeder Standpunkt ist für sich genommen plausibel. Wer sein Ziel erreichen möchte, muss sich gegen den anderen durchsetzen. Und hier beginnt das, was wir Konflikteskalation nennen, ein Vorgang, der eine destruktive Eigendynamik entwickelt, egal ob der Streit mit Fäusten oder vor dem Richter, in der Öffentlichkeit oder auf andere Weise ausgetragen wird. Nicht selten mit tragischem Ende: Auf dem Schlachtfeld des Richtig oder Falsch bleiben meist nur Verlierer zurück.

Was Recht ist und was Unrecht, lässt sich allerdings fast nie mit Sicherheit sagen. Wahrheit oder Gerechtigkeit sind letztendlich ein Ideal und bleiben Fiktion. Mediation geht daher einen anderen Weg und konzentriert sich auf Interessen und Bedürfnisse (vgl. Fisher und Ury 1998). Diese beiden Begriffe sind der Dreh- und Angelpunkt des Mediationsverfahrens und der kooperativen Konfliktlösung.

Zunächst geht es darum, dass jeder versteht, was das tatsächliche Interesse ist, das sich hinter der verbalisierten Position verbirgt. In unserem Beispiel vertritt Andrea die Position: „Ich will das Haus, weil es mir zusteht." Peter kommt aus anderen Gründen zum gleichen Schluss: „Ich will das Haus." Jetzt gilt es, die Gründe zu beleuchten: Warum wollen sie beide das Haus? Und siehe da: Die Gründe sind völlig unterschiedlich: Andrea will das Haus, weil sie ein Wohnbedürfnis hat und ein Dach über dem Kopf benötigt. Außerdem ist sie emotional mit dem Haus verbunden, weil sie dort ihr gesamtes bisheriges Leben verbracht hat. Peter will das Haus, weil er sich benachteiligt fühlt und sich einen materiellen Ausgleich für seinen bisherigen Verzicht auf Ansprüche wünscht. In der Unterschiedlichkeit der Interessen liegt der Schlüssel zur Lösung, weil sich diese Aspekte oft wie Elemente eines Puzzles zu einem Ganzen zusammenfügen lassen.

Interessen oder Bedürfnisse (diese beiden Begriffe werden häufig synonym verwendet, obwohl sie nicht völlig dasselbe bedeuten) haben darüber hinaus einen wichtigen Vorteil, der bei der Konfliktlösung hilft: Sie sind unspezifisch und liegen auf einer persönlichen Ebene, und damit können sie kaum negiert werden. Wer würde beispielsweise das Bedürfnis nach einem vertrauten Zuhause leugnen? Oder das Interesse an einem fairen Ausgleich? Darüber lässt sich konstruktiv verhandeln.

Der zweite Aspekt, der den Nutzen der Mediation verdeutlicht, besteht darin, dass durch den Prozess des bedürfnisorientierten Verhandelns die Parteien einander näher kommen und beginnen, einander zu verstehen, wodurch die negativen Emotionen abgebaut werden und positive Gefühlskomponenten entstehen können. Durch das wechselseitige Verständnis, das vom Mediator gefördert wird, erkennt man die Not und die Probleme des Anderen und kann sich in ihn oder sie hineinversetzen. Auf dieser Basis können die Parteien mithilfe der Mediatorin eine konsensuale Lösung entwickeln.

Zusammenfassung

Sie erfahren in diesem Kapitel nach welchen Phasen ein Mediationsverfahren durchgeführt wird. Es beginnt bei der Rahmenphase. Hier werden die Grundregeln der Zusammenarbeit abgesteckt. Danach folgt die Strukturierungsphase, in der die Konfliktthemen systematisch festgehalten und priorisiert werden. In der Interessensphase erfolgt die Erarbeitung der Bedürfnisse und Interessen. In der Lösungsphase werden gemeinsam praktikable Lösungen entwickelt. Die Abschlussphase rundet den Prozess mit konkreten Ergebnissen ab.

Die Mediation läuft nach einem klar strukturierten Phasenmodell ab (siehe Abb. 2.1). Dieses hat sich dank einer Reihe von praktischen Vorteilen als nützliches Gerüst zur Konfliktbearbeitung bewährt: Das Phasenmodell gibt Orientierung und Sicherheit im Labyrinth der Konfliktbearbeitung. Die Beteiligten wissen, wo sie gerade stehen und was als nächstes zu tun ist. So können grobe Ablauffehler, die eine Konfliktlösung erschweren, vermieden werden. Ein solcher typischer Fehler besteht beispielsweise darin, sich zu Beginn gleich mit dem Konfliktgeschehen zu beschäftigen, anstatt zuerst sichere Rahmenbedingungen zu schaffen.

Das Modell sieht fünf Phasen vor: Rahmenphase, Strukturierungsphase, Interessensphase, Lösungsphase und Abschlussphase. Während dieser fünf Kernphasen sind in der Regel alle Konfliktparteien anwesend. Umrahmt werden die fünf Abschnitte von einer Vor- und einer Nachbereitungsphase.

Ein einfaches Beispiel verdeutlicht den Ablauf der Mediation: Zwei Geschwister erben ein Haus von ihrem Vater. Peter, der ältere Bruder, verließ bereits mit sechzehn Jahren das Elternhaus, um in den USA zu arbeiten. Dank seiner technischen Begabung konnte er ein kleines Unternehmen aufbauen. Nach einer gescheiterten Partnerschaft hat er sein Unternehmen verkauft und möchte

© Springer Fachmedien Wiesbaden GmbH, ein Teil von Springer Nature 2018   7
S. Proksch, *Mediation,* essentials, https://doi.org/10.1007/978-3-658-22980-1_2

Abb. 2.1 Das
Phasenmodell der
Mediation

Vorbereitung

1. Rahmenphase

2. Strukturierung

3. Interessensphase

4. Lösungsphase

5. Abschlussphase

Nachbereitung

nun zu Hause einen beruflichen Neustart wagen. Wirtschaftlich stand er stets auf eigenen Beinen, von den Eltern hatte er nie materielle Unterstützung erhalten.

Die jüngere Schwester Andrea hingegen wohnte immer zu Hause bei den Eltern. Neben ihrem Halbtagsjob als Kindergärtnerin, kümmerte sich die alleinstehende Frau um Haus und Garten. Das Vermögen der Eltern wurde in den vergangenen Jahren nahezu völlig aufgebraucht. Andrea hat die Mutter und nach deren Ableben auch den kranken Vater bis zu seinem Tod unterstützt und begleitet.

Testament hat der Vater leider keines hinterlassen. Die Geschwisterbeziehung war von Anfang an schwierig und wurde auch durch die lange Trennung nicht besser. Beide sind sich aber einig, dass sie eine gemeinsame Lösung finden wollen, weil sie eine gerichtliche Auseinandersetzung vermeiden möchten. Daher entschließen sie sich zur Mediation.

2.1 Vorbereitung

Die Vorbereitung dient den Konfliktparteien dazu, das Verfahren und den Mediator bzw. das aus zwei Mediatoren bestehende Mediationsteam kennen zu lernen. Zu diesem Zweck findet ein Vorbereitungsgespräch mit jeder Konfliktpartei separat statt (vgl. Simon 2010, S. 116). Bei diesem Treffen können Fragen zur Vorgehensweise, zum Arbeitsstil des Mediators und dergleichen gestellt und damit eine Basis für eine vertrauensvolle Zusammenarbeit geschaffen werden. Dem Mediator dient diese Phase dazu, sich einen Überblick über die Problemlage zu verschaffen, die beteiligten Personen und deren Einbeziehung in das Verfahren festzulegen und deren Bereitschaft zur Mediation einzuschätzen. Besteht keine Bereitschaft, so fehlen die Voraussetzungen für eine erfolgversprechende Arbeit. In diesem Fall hilft die Mediatorin bei der Auswahl eines anderen Verfahrens zur Konfliktbearbeitung (Entscheidung durch Dritte, Gerichtsverfahren, Coaching, Gutachten,…).

Peter wirkt zuversichtlich und motiviert. Er ist überzeugt, dass der Mediator eine gute Lösung bringen wird. Andrea ist zunächst skeptisch und stellt viele Fragen zum Ablauf des Verfahrens. Sie befürchtet, dass ihr Bruder seine rhetorische Überlegenheit zum eigenen Vorteil nutzen wird. Doch schließlich willigt sie in die Mediation ein, da sie nichts unversucht lassen möchte, um eine Lösung zu finden.

2.2 Rahmenphase

Die Rahmenphase, die bereits in Anwesenheit aller Konfliktparteien stattfindet, dient dazu, den Parteien Klarheit darüber zu vermitteln, was sie erwarten können, und gibt ihnen die Möglichkeit, Fragen zur Mediation zu stellen. In der Rahmenphase werden die Bedingungen der gemeinsamen Arbeit definiert und eine Zielsetzung für das Verfahren erarbeitet. Die Grundregeln der Mediation wie zum Beispiel Vertraulichkeit und Offenheit, aber auch Freiwilligkeit und Selbstverantwortung werden dargestellt und erläutert. Manchmal werden auch Gesprächsregeln für den Umgang miteinander erarbeitet.

Die Entwicklung einer gemeinsamen Zielsetzung für das Verfahren ist wichtig, weil die Beteiligten dadurch Orientierung erhalten, den Fokus auf die Zukunft richten und das Grundprinzip der Auseinandersetzung verändert wird: Die Wahrnehmung verschiebt sich von der Konfrontation – im Sinne von „ich möchte gewinnen" – hin zur Kooperation – im Sinne von „wir wollen gemeinsam etwas erreichen".

Peter und Andrea sind zunächst sehr zurückhaltend. Bei der gemeinsamen Zieldefinition zeigen sich erste unterschiedliche Standpunkte. Da beide einander kritisch aber wertschätzend gegenübertreten, wird auf die Festlegung von Gesprächsregeln verzichtet. Als Ziel wird festgehalten: „Wir wollen eine gemeinsam getragene, faire Lösung für das Haus und den Garten im Sinne unserer Eltern finden."

2.3 Strukturierungsphase

Die zweite Phase, ich nenne sie Strukturierungsphase, dient dem Zweck, die Komplexität des Konfliktgeschehens auf ein bewältigbares Maß zu reduzieren und gleichzeitig einen kooperativen Einstieg in die gemeinsame Konfliktbearbeitung zu finden.

Konflikte sind in der Regel komplexe Gebilde schon allein deshalb, weil sich die Probleme auf zumindest zwei Ebenen abspielen: auf der Sachebene und auf der Beziehungsebene. Beide Ebenen sind mit einander verschränkt und beeinflussen einander gegenseitig. Durch diese Dynamik kann eine Negativspirale entstehen, die mit dem Begriff „Konflikteskalation" bezeichnet wird (vgl. Glasl 1999).

Der Einstieg in die zweite Phase beginnt damit, die unterschiedlichen Konfliktpunkte oder Streitthemen zu sammeln. Die Einstiegsfrage lautet: Welche Themen wollen wir besprechen, um unsere zuvor vereinbarte Zielsetzung zu erreichen? Die Liste der Themen kann auf einem Flipchart notiert werden; damit wird ein weiterer wichtiger Baustein für das Fundament einer konstruktiven Lösung geschaffen.

Nun stellt sich die Frage, mit welchem Thema begonnen werden soll. Sind die Parteien darüber uneins, dann wird darüber verhandelt. Der Mediator hilft dabei, sich auf ein Thema zu einigen. Dieser anscheinend nebensächliche Verfahrensschritt hat eine wichtige Funktion: den Parteien gelingt es, in einer eher formalen Frage Einigkeit herzustellen. Damit ist schon ein erster Schritt in Richtung Kooperation gemacht, ohne dass die wirklich heißen Konfliktherde berührt wurden. Das schafft eine positive Atmosphäre und zeigt im Kleinen, wie der Prozess insgesamt abläuft.

Danach werden jene Aspekte des Konfliktes festgehalten und beschrieben, die faktisch feststehen und über deren Beurteilung Einverständnis besteht. Ein gängiges Kürzel für diesen Schritt lautet „ZDF" (Zahlen, Daten, Fakten). Diese sachliche Basis zu klären, ist ein weiterer wichtiger Verfahrensschritt.

Andrea und Peter einigen sich darauf, mit dem Thema „Haus" zu beginnen. Die weiteren Themen „sonstiges Vermögen" und „Umgang miteinander als

Geschwister" werden danach behandelt. Nun lässt sich der Mediator die Informationen zur Liegenschaft nennen und hält diese auf dem Flipchart fest: Das Haus hat eine Grundfläche von 250 m², dazu gibt es einen beinahe doppelt so großen Garten; es besteht aus zwei Geschoßen, Keller, hat einen Vorder- und einen Hintereingang und so weiter. Das Haus ist in gutem Zustand, Belastungen durch Hypotheken bestehen nicht.

2.4 Interessensphase

Jetzt kommen wir zum Kern der Mediation, zur Interessensphase. Man beginnt mit der Bearbeitung des ersten Themas, das zuvor ausgewählt wurde. Erst jetzt haben die Konfliktparteien die Möglichkeit, ihre Sichtweise des Problems in der gewünschten Ausführlichkeit darzustellen.

An dieser Stelle wird der fundamentale Unterschied zwischen Mediation und anderen herkömmlichen Formen der Konfliktlösung deutlich. Es geht nicht darum, herauszufinden, wer Recht und wer Unrecht hat. Richtig oder falsch spielt in der Mediation keine Rolle. Stattdessen ist die Konfliktbearbeitung darauf ausgerichtet, die unterschiedlichen Interessen und Bedürfnisse der Parteien herauszuarbeiten und auf dieser Grundlage nach einer gemeinsamen Lösung zu suchen.

Es beginnt also zum Beispiel Peter mit der Darstellung seiner Sichtweise zu dem gewählten Thema. Andrea hört nur zu und hat, wenn Peter seine Schilderung beendet hat, die Gelegenheit, das Thema aus ihrer Sicht darzustellen. Der Mediator hört zu, fragt nach und versucht auf diese Weise, die Anliegen und Interessen der jeweiligen Partei zu verstehen. Gleichzeitig achtet er darauf, dass die Parteien einander nicht unterbrechen und greift ein, wenn sich eine Partei sich respektlos oder untergriffig verhält.

Glaubt der Mediator, das Thema aus der Sicht von Peter hinreichend verstanden zu haben, dann wendet er sich Andrea zu und hilft ihr, die Sichtweise von Peter zu verstehen. Insofern ist die Arbeit des Mediators auch „Übersetzungsarbeit", weil sie das Problemverständnis der jeweils anderen Partei fördert. Der gleiche Vorgang wird anschließend in umgekehrter Richtung wiederholt. Warum sprechen wir von Übersetzung? In Konfliktsituationen verlieren die Parteien zunehmend das Verständnis für die Sichtweise und die Interessen der anderen Partei – und manchmal auch für die eigenen Interessen. Die Schuld wird nur bei der Gegenseite gesehen und der eigene Beitrag zum Konflikt nicht erkannt. Die Durchsetzung der eigenen Position wird wichtiger als die Problemlösung. Auf diese Weise eskaliert der Konflikt. In der Mediation hingegen wird ein wechselseitiges Verständnis der Probleme und Anliegen der anderen Seite angestrebt, wodurch emotionale Abrüstung ermöglicht und die Basis für eine konsensuale Lösung geschaffen wird.

Dieser Verfahrensschritt ist wesentlich. Indem jede Partei, unterstützt vom Mediator, die Interessen und Bedürfnisse der anderen Partei erkennt, entsteht eine emotionale Verbindung. Dieses Verständnis schafft Vertrauen und ermöglicht es, auf den Anderen zuzugehen. Dadurch wird eine tragfähige Verbindung zwischen den Beteiligten hergestellt und es entsteht eine konstruktive Wechselwirkung, die eine faire gemeinsame Lösungssuche ermöglicht.

In unserem Beispielfall beginnt Andrea mit der Darstellung ihrer Sichtweise, und sie erklärt, warum das Haus ihr zusteht. Sie hat sich schließlich um alles gekümmert und auch den kranken Vater bis zu seinem Tod gepflegt. Peter hat in dieser Zeit nur seine Karriere im Auge gehabt. Oft habe sich Papa beklagt, dass er kaum jemals ein Lebenszeichen von Peter bekam. Dass ihr Bruder jetzt plötzlich Anspruch auf das Haus erhebt, sei empörend!

Peter sieht das ganz anders: Andrea hat schließlich immer alles bekommen, weil sie das Liebkind der Eltern war. Er hatte immer das Nachsehen. Als er es schließlich nicht mehr ausgehalten hat, ist er in die USA gegangen. Wo ist denn eigentlich das ganze Vermögen hin? Nun wäre es an der Zeit, reinen Tisch zu machen. Es wäre nur gerecht, wenn er endlich zum Zug kommen würde, schließlich hat er nie etwas Nennenswertes von den Eltern erhalten.

Der Mediator lässt die emotionale Darstellung der beiden Sichtweisen zu. Durch klärende Fragen stellt sich heraus, dass Peter nicht das ganze Haus für sich beansprucht, sondern nur einen fairen Anteil für sich möchte, wie immer dieser aussieht. Andrea hingegen hat Sorge, wie es mit ihr weitergeht. Sie hat ihr ganzes Leben in dem Haus verbracht und möchte nicht von heute auf morgen auf der Straße stehen.

Mit Unterstützung des Mediators erkennt Andrea, dass Peter ein starkes Bedürfnis nach Fairness und Ausgleich hat, und gleichzeitig seine Schwester nie vor die Tür setzen würde. Peter versteht, dass Andrea in diesem Haus verwurzelt ist, aber für vernünftige Vorschläge zu haben ist.

2.5   Lösungsphase

Nachdem die Sichtweisen und Interessen der Konfliktparteien ausgetauscht und wechselseitig verstanden wurden, beginnt die Phase der Lösungssuche. Um einen kreativen Prozess der Ideensammlung in Gang zu setzen, wird meistens Brainstorming angewendet. Jetzt können die Streitenden ihrer Fantasie freien Lauf lassen! Alle äußern ihre Vorschläge, seien sie noch so ungewöhnlich. Jeder Gedanke wird auf einem Flipchart notiert. Kritik ist nicht erlaubt, denn es geht darum, möglichst viele Geistesblitze zu generieren. Auch verrückte Ideen können Elemente enthalten, die später für eine Lösung nützlich sind.

Wenn die Flut der Assoziationen abgeebbt ist, geht man dazu über, die brauchbarsten Lösungen herauszufiltern. Falls nicht einer der Vorschläge als Ideallösung heraussticht, empfiehlt sich eine einfache Punktevergabe: Die Medianten – die Konfliktparteien – erhalten Klebepunkte in den Farben Rot, Gelb, Grün. Pro Lösungsvariante und Partei wird ein Punkt nach folgender Regel vergeben: Grün bedeutet: „ist für mich eine gute Lösung". Gelb bedeutet: „kann unter Umständen auch zu einer Lösung beitragen". Rot bedeutet: „kommt für mich nicht infrage". Die rot bewerteten Lösungen werden ausgeschieden. Diejenigen Lösungen, die zwei grüne Punkte erhalten haben, stellen die bevorzugte(n) Lösung(en) dar. Sie werden diskutiert und gegebenenfalls durch die gelb markierten Vorschläge ergänzt. Bei der Diskussion der Ideen ist darauf zu achten, dass eine akzeptable finale Lösung die grundlegenden Interessen aller Konfliktparteien integriert.

Während der Entwicklung der Lösung nimmt der Mediator eine kritische Haltung ein. Er hinterfragt diese hinsichtlich Realisierbarkeit und Praxistauglichkeit. Das vorläufige Ergebnis wird auf dem Flipchart notiert, sofern alle Beteiligten einverstanden sind.

Darüber hinaus ist es sinnvoll, die Lösung auch durch Fachexperten wie zum Beispiel Steuerberater, Juristen oder Gutachter eines speziellen Fachs überprüfen zu lassen. Eingebunden werden ferner Interessensgruppen, die direkt oder indirekt am Konflikt beteiligt und/oder von einer Lösung betroffen sind. Dies können Lebenspartner, Verwandte, Geschäftspartner und andere Beteiligte sein. Ihre Meinung einzuholen und gegebenenfalls bestimmte Aspekte der Lösung nochmals neu zu diskutieren, ist mit Hinblick auf eine dauerhaft haltbare Lösung sehr zu empfehlen.

Peter und Andrea produzieren eine lange Liste mit sachlichen aber auch originellen Ideen. Der Vorschlag, das Haus in ein Hotel umzuwandeln, sorgt zwar für Heiterkeit, wird aber aus praktischen Erwägungen fallen gelassen. Schließlich einigt man sich darauf, im Erdgeschoss in eine eigene Wohneinheit einzurichten. Die Mieteinnahmen erhält Peter, der dafür die Umbauarbeiten finanziert. Andrea bewohnt zukünftig das Obergeschoss inklusive Dachboden, der ausgebaut wird.

2.6   Abschlussphase

Vorläufige Lösungen für alle zu Beginn genannten Themen liegen jetzt vor. Doch die Freude über das erzielte Ergebnis ist oft verfrüht, denn Verhandlungen über Details der Vereinbarungen können unter Umständen noch viel Zeit beanspruchen. Allerdings ist in dieser Phase die Gefahr des Scheiterns nahezu vollständig gebannt, weil der Konflikt bereits bereinigt ist und die Parteien ein Interesse an einer sinnvollen Übereinkunft haben. Das Ergebnis wird schriftlich festgehalten und bei Bedarf von Anwälten oder einem Notar in eine juristisch haltbare Vertragsform gebracht.

Ein Ergebnis liegt vor, nun muss besprochen werden, wie diese Lösung nach außen kommuniziert wird. Während der laufenden Mediation galt Vertraulichkeit, doch danach erwarten sich die von der Situation betroffenen bzw. am Resultat interessierten Personen eine Information über die weitere Vorgangsweise. Daher muss die Frage beantwortet werden: Welche Information geben wir wie und an wen weiter?

Der Mediator schließt den Prozess, indem er den Parteien für ihre Kooperation dankt und sie einlädt, ein Resümee über das Mediationsverfahren zu ziehen. Hier ist auch Raum für allfälliges Feedback an den Mediator. Abhängig von der Situation und den Wünschen der Parteien kann auch ein Handschlag, ein gemeinsames Essen oder ein anderes Ritual den Prozess abrunden.

Bevor der Mediator das Verfahren allerdings beendet, vereinbart er mit den Parteien einen Follow-Up Termin, der nach einem Abstand von etwa drei bis sechs Monaten stattfindet. Dieses Treffen dient dazu, die Vereinbarung bei Bedarf zu konkretisieren, Erfolge zu besprechen und für allfällige zwischenzeitlich aufgetretene Probleme neue Lösungen zu finden. Dieser Termin kann entfallen, wenn beide Parteien nach Ablauf einiger Monate keine Notwendigkeit dafür sehen.

2.7   Nachbereitung

Die Nachbereitung besteht darin, dass der Mediator die Flipchart-Protokolle, also Fotografien der erarbeiteten Flipcharts, die in den Sitzungen entstanden sind, an die Medianden versendet und – je nach Vereinbarung – Informationen, zum Beispiel an Auftraggeber, Rechtsanwälte und andere Kontaktpersonen weitergibt. Nach der Follow-Up Sitzung ist die Mediation endgültig abgeschlossen.

Andrea und Peter haben eine Lösung gefunden, die ihren Interessen und Bedürfnissen Rechnung trägt und den vermuteten Willen der Eltern einbezieht. Nicht zuletzt hat sich ihre Gesprächsbasis, die unter der langen Trennung sehr gelitten hatte, deutlich verbessert. Schließlich wird vereinbart, das Weihnachtsfest gemeinsam zu feiern.

Rolle und Haltung der Mediatorin / des Mediators

Zusammenfassung

Hier erfahren Sie, welche Prinzipien die Arbeit der Mediatorin leiten und welche praktischen Konsequenzen damit verbunden sind. Die Vor- und Nachteile einer Co-Mediation werden anhand konkreter Überlegungen dargestellt und schließlich wird die allfällige Suche nach einer Mediatorin durch konkrete Hinweise unterstützt.

©Robert Pazik

© Springer Fachmedien Wiesbaden GmbH, ein Teil von Springer Nature 2018   15
S. Proksch, *Mediation,* essentials, https://doi.org/10.1007/978-3-658-22980-1_3

Bei Ringkämpfen kann man beobachten, dass sie anfangs ganz offen und ehrlich zuwege gehen, aber schließlich kommt es meist zu hinterlistigen Angriffen. Wenn sie in Aufregung kommen, lassen sie sich leicht zu unerlaubten Kniffen hinreißen. (…) So geht's bei allen Sachen: anfangs ist man aufrichtig, aber schließlich wird man meist gemein. Aus kleinen Ursachen entstehen große Folgen. Es fallen Worte, die dem Winde gleichen, der die Wellen erregt, und was dabei herauskommt ist Verlust an Sachlichkeit. (…) Dann stellt man im Ärger unbegründete Behauptungen hin; es folgen Spitzfindigkeiten und einseitige Ansichten (…) Dadurch entsteht auch im andern Teil der Haß (Dschuang Dsi, nach Wilhelm 1969).

Bei Konflikten sind immer zwei Ebenen im Spiel: die Sachebene des Konfliktgegenstands und die Beziehungsebene zwischen den Konfliktparteien. Rein auf der Sachebene können Konflikte nicht gelöst sondern nur entschieden werden. Dies ist das Grundprinzip des Gerichtsurteils. Entscheidungen lösen aber Konflikte nicht, sondern führen vielmehr zur weiteren Eskalation des Konflikts, weil sie Sieger und Verlierer produzieren, was der Auseinandersetzung neuen Zündstoff verleiht.

Konfliktlösung durch Mediation verzichtet auf Urteile und Entscheidungen. Die Mediatorin fördert vielmehr die Kommunikation zwischen den Konfliktparteien mit dem Ziel, sie bei der Erarbeitung einer eigenverantwortlichen Lösung zu unterstützen.

3.1   Prinzipien der Mediation

Folgende Aspekte charakterisieren die Haltung der Mediatorin: Wertschätzung, Allparteilichkeit, Akzeptanz, Zuversicht, Vertraulichkeit und Offenheit.

Wertschätzung: Eine wertschätzende Grundhaltung bedeutet, dass wir den Menschen mit Achtung und Respekt begegnen und ihr Selbstwertgefühl stärken. Zu einem wertschätzenden Zusammenleben zählt auch, dass wir Menschen nie als Objekte oder als Mittel zum Zweck missbrauchen dürfen. Ein weiterer wichtiger Grundgedanke besagt, dass Regeln und Gesetze gemacht sind, um den Menschen zu dienen und nicht umgekehrt.

Allparteilichkeit: Diese – siehe auch Kapitel „Was ist Mediation" – ist verwandt mit der Neutralität. Der Unterschied liegt darin, dass Neutralität eine „objektive Distanz" zu den handelnden Personen und zur Problemstellung impliziert. Die Allparteilichkeit verlangt im Gegensatz dazu, für beide Konfliktbeteiligten in balancierter Weise Partei zu ergreifen. Dazu zählt auch das Ertragen und Akzeptieren der Unterschiedlichkeit der Konfliktbeteiligten. Diese Allparteilichkeit ist allerdings keine einmal erworbene, feste Haltung, sondern muss im Prozess immer wieder neu festgelegt und überprüft werden.

Akzeptanz: Darunter versteht man die Fähigkeit, die andere Person mit ihren Stärken und Schwächen anzunehmen, auch wenn wir nicht mit allem einverstanden sind. Trotzdem akzeptieren wir diese Person mit ihren Interessen und Bedürfnissen. Die Akzeptanz bezieht sich auch auf die Themen und Anliegen der Person bzw. Konfliktpartei. Auch scheinbar unbedeutende Anliegen können in den Augen der betreffenden Person eine große Bedeutung haben.

Zuversicht: Die Zuversicht des allparteilichen Dritten in Person der Mediatorin ist der erste Schritt in Richtung der Problemlösung. Wenn der Mediatorin Optimismus und das Vertrauen in die Möglichkeit einer konstruktiven Lösung fehlen, dann wird sie kaum in der Lage sein, die Parteien zu motivieren und lösungsorientiert zu unterstützen. Zuversicht darf allerdings nicht zur Naivität verkommen, denn Realitätssinn bei der Einschätzung der Lösungsmöglichkeiten ist notwendig, um nicht die Grenzen der Mediation zu überschreiten und das Vertrauen der Parteien übermäßig zu beanspruchen.

Vertraulichkeit und Offenheit: Die Inhalte der Mediation sind streng vertraulich. Die Mediatorin ist zur absoluten Verschwiegenheit bezüglich aller Inhalte, die ihr im Zuge der Mediation bekannt werden, verpflichtet. Dadurch wird innerhalb des sicheren Rahmens der Mediation ein hohes Maß an Offenheit möglich.

3.2 Einzel- oder Co-Mediation?

Manche Mediatoren arbeiten alleine, andere zu zweit, dafür verwenden wir den Begriff „Co-Mediation". Eine Reihe von Argumenten sprechen dafür, in der Mediation zu zweit zu arbeiten. Ich möchte hier zwei Aspekte herausgreifen: Neutralität sowie der blinde Fleck (Proksch 2016).

Allparteilichkeit (bzw. Neutralität) zu wahren, ist oft nicht einfach: Eine Mediatorin muss sich auf die Realität der Klienten einlassen, um anschlussfähig zu werden und um die Interaktion der Parteien konstruktiv beeinflussen zu können. Da Kommunikation ein wechselseitiger Prozess ist, wird sie selbst von deren Wirklichkeit beeinflusst und läuft Gefahr, Teil des Konfliktsystems zu werden. In der Mediation erlebt man es häufig, dass die Parteien, bewusst oder unbewusst versuchen, die Mediatorin zu überzeugen und auf ihre Seite zu ziehen. Mit Fortdauer der Mediation wird es immer schwieriger, die Distanz zu wahren. Die Mediatorin läuft Gefahr, ihre Allparteilichkeit zu verlieren und somit früher oder später von einer Konfliktpartei abgelehnt zu werden.

Arbeiten zwei Mediatoren oder Mediatorinnen an dem Fall, dann stellen sie dem Konfliktsystem der Parteien ein zweites System gegenüber, nämlich das Mediationssystem. Da dieses seine eigene innere Struktur hat und sich nach außen abgrenzt, ist es nicht so sehr gefährdet, Teil des Konfliktsystems zu werden. Es erfolgt eine permanente Assoziation mit dem und gleichzeitig eine Dissoziation vom Konflikt dadurch, dass während eine Mediatorin mit den Konfliktparteien spricht, die andere Mediatorin den Prozess beobachtet und umgekehrt. Dadurch wird ständig überprüft, ob man sich auf dem richtigen Weg befindet, ausreichend Balance zwischen Nähe und Distanz besteht, eine konstruktive Interaktion stattfindet und dergleichen. Zwischen den Sitzungen kann das Erlebte unter den Mediatoren besprochen und kritisch reflektiert werden, um zu kalibrieren und den weiteren Fortgang der Mediation zu planen.

Egal wie groß die Kompetenz und Erfahrung der Mediatorin ist, wir haben alle einen sogenannten „blinden Fleck". Dieser Begriff bezeichnet Teile des Ich, die von mir selbst nicht wahrgenommen werden. Jeder von uns hat Aspekte seiner Persönlichkeit bzw. seines Verhaltens, die uns selbst nicht bewusst sind, die andere Menschen aber an uns wahrnehmen. Dadurch ergibt sich ein Unterschied zwischen Selbst- und Fremdwahrnehmung.

Was uns selbst nicht bewusst ist, das können wir auch bei anderen Menschen nicht wahrnehmen. So kann es passieren, dass wir in Konflikten Elemente übersehen, die für die jeweilige Konfliktdynamik zentral sind, was dazu führen kann, dass der Erfolg der Mediation gefährdet wird. Beispielsweise können kulturelle Unterschiede zwischen den Medianten und den Mediatoren, oder Gender-Aspekte solche Stolpersteine sein, genauso wie Hierarchie oder Status.

Dazu ein Beispiel: Eine Mediatorin ignorierte konsequent den hierarchischen Unterschied zwischen den beiden Medianten, einer Vorgesetzten und einem Mitarbeiter. Das führte bei der Vorgesetzten dazu, dass sie der Mediatorin Befangenheit und mangelnde Neutralität vorwarf. Der Mediatorin war, wie sich später herausstellte, tatsächlich nicht bewusst gewesen, welche Bedeutung der Hierarchieunterschied hatte.

Es muss auch nicht immer ein blinder Fleck dafür verantwortlich sein, wenn wir etwas nicht wahrnehmen. Man kann auch schlicht einmal etwas ignorieren, weil man meint, es unter Zeitdruck weglassen zu können. Genau das kann aber für die Klienten eine große Bedeutung haben.

In allen Fällen fungiert die Co-Mediatorin als Korrektiv (vgl. Kleindienst-Passweg et al. 2011). Es ist ihre Aufgabe, mögliche blinde Flecke, die beim Co-Mediator aufgefallen sind, zwischen den Sitzungen anzusprechen, zu reflektieren und gemeinsam zu überlegen, wie im weiteren Verlauf der Mediation damit umgegangen werden soll.

Den Vorteilen der Co-Mediation stehen allerdings auch Nachteile gegenüber: Erstens verursachen zwei Mediatorinnen höhere Kosten als ein Mediator. Dazu kommt, dass die Flexibilität geringer ist. Schließlich können Abstimmungsprobleme der Beiden während der Mediation, wie es bei nicht eingespielten Teams vorkommen kann, Irritationen verursachen.

Insgesamt sprechen sowohl theoretische Überlegungen als auch praktische Erfahrungen dafür, dass Co-Mediation bei höher eskalierten Auseinandersetzungen und komplexeren Streitfällen mehr Sicherheit und Ausgewogenheit bietet als Einzelmediation.

3.3 Wie finde ich eine geeignete Mediatorin oder Mediator?

Angenommen, Sie haben Differenzen mit den Nachbarn. Diese fühlen sich durch das Spielen der Kinder im Garten gestört. Und der Hund hat schon einmal nach Ihrer Tochter geschnappt, die danach völlig verstört war. Das kann so nicht weitergehen. Oder betrachten wir die Geschichte von der anderen Seite: Die junge Familie nebenan ist offensichtlich nicht bereit, Rücksicht zu nehmen. Mittags, wenn Sie eine Ruhepause machen wollen, geht das Geschrei im Garten los. Auch den Hund erschrecken die Kinder und treiben ihre Späße mit ihm. Das ist empörend. Beide Parteien möchten das Problem aus der Welt schaffen, möglichst ohne das Gericht einschalten zu müssen. Alle Versuche, die schwierige Situation durch Vier-Augen-Gespräche zu lösen, haben nicht gefruchtet. Also muss eine Mediatorin gefunden werden. Aber wie? Mediatorinnen und Mediatoren gibt es viele, doch welche ist für mein Problem die richtige Expertin?

Vielleicht kennen Sie jemanden, der bereits an einer Mediation teilgenommen hat. Dann können Sie sich eine Empfehlung geben lassen. Nicht jede erfolgreiche Wirtschaftsmediatorin kommt jedoch auch mit Nachbarschaftsstreitigkeiten oder Trennungsangelegenheiten gut zurecht und vice versa. Sie sollten daher darauf achten, dass Sie eine Mediatorin finden, die Erfahrung mit ähnlichen Problemstellungen hat.

Ergänzend ist es sinnvoll, unabhängig davon, ob Ihnen jemand empfohlen wurde oder nicht, nach einer Mediatorin im Internet zu suchen. Dazu kann man private Suchportale nutzen, zum Beispiel www.mediator-finden.de für Deutschland oder www.mediation-austria.at für Österreich. Hier besteht die Möglichkeit, Mediatorinnen entsprechend dem jeweiligen Themengebiet (Nachbarschaft, Familie, Wirtschaft, Schule,…) und der Region auszuwählen. Oder man wählt eine Mediatorin über eine offizielle Liste eines der großen deutschen Mediatorenverbände (BM – Bundesverband Mediation, BMWA – Bundesverband Mediation in Wirtschaft und Arbeitswelt, BAFM – Bundes-Arbeitsgemeinschaft für Familien-Mediation) oder in Österreich direkt aus der Liste des Justizministeriums aus (www.mediatorenliste.justiz.gv.at).

Wenn Sie zwei oder drei Personen gefunden haben, die aus Ihrer Sicht infrage kommen, dann gibt Ihnen ein E-Mail, in dem Sie das Problem kurz darstellen, die Möglichkeit, einen ersten Eindruck von der ins Auge gefassten Mediatorin zu gewinnen: Wie schnell reagiert sie auf eine Anfrage? Beantwortet sie die Fragen nach Kosten und Ablauf der Mediation nachvollziehbar? Vermittelt sie Kompetenz und Sicherheit? Wenn Sie aus der Rückmeldung den Eindruck einer professionellen Mediatorin gewonnen haben, dann spricht nichts dagegen, in einem nachfolgenden Telefongespräch, sofern „die Chemie stimmt", bereits eine Entscheidung für oder gegen diese Mediatorin zu fällen.

Nicht zu vergessen ist, dass Sie in den meisten Fällen Ihr Gegenüber bzw. Ihren Konfliktpartner in die Entscheidung mit einbeziehen sollten, weil er oder sie die Entscheidung sonst wahrscheinlich ablehnen wird. Das ist bereits eine delikate Angelegenheit, da Sie mit Ihrem Konfliktpartner kaum eine gute Gesprächsbasis haben. Manchmal ist es daher sinnvoll, eine neutrale dritte Person, die zu beiden eine gute Beziehung hat, um Vermittlung zu bitten. Von Vorteil ist es, eine Liste von vielleicht drei oder vier möglichen Mediatoren zusammenzustellen und dem Gegenüber die endgültige Entscheidung zu überlassen.

Schließlich stellt sich die Frage der Kosten eines Mediationsverfahrens. Die Honorare von Mediatoren liegen in der Regel im Bereich der Kosten von Coaches und Trainern. Sehr niedrige Honorare verraten zumeist mangelnde Erfahrung des Anbieters, daher ist Vorsicht geboten.

Zusammenfassung

Dieser Abschnitt beschreibt eine Auswahl der gebräuchlichsten Techniken. Sie lassen sich in drei Kategorien einteilen: Gesprächstechniken, Fragetechniken und Settingtechniken. Aus jedem der genannten Bereiche werden einige Werkzeuge herausgegriffen und beschrieben sowie deren Einsatzmöglichkeiten nachvollziehbar dargestellt.

© Robert
Fucik

© Springer Fachmedien Wiesbaden GmbH, ein Teil von Springer Nature 2018   21
S. Proksch, *Mediation,* essentials, https://doi.org/10.1007/978-3-658-22980-1_4

Eines haben Konflikte gemeinsam: Sie erzeugen negative Emotionen. Der Umgang mit diesen Affekten ist eine der Kernaufgaben des Mediators der sich bei der Steuerung der Mediation am Phasenmodell orientiert, welches ich oben beschrieben habe. Dieses Modell stellt die Makroebene der Konfliktbearbeitung dar, also den groben Fahrplan zur Lösung. Auf der Mikroebene, im Bereich der Gesprächsführung, setzt der Mediator Techniken ein, um die negative, eskalierende Konfliktdynamik zu beenden und eine positive Lösungsdynamik in Gang zu setzen.

Nehmen wir als weiteres Beispiel ein Paar, das sich trennen möchte. Karin ist Krankenschwester, Roland ist Architekt. Sie wirft ihm vor, er habe keine Zeit für die Familie und die vierjährige Tochter, er sei mit seinem Beruf verheiratet. Er ist der Auffassung, sie habe ihm mit ihrer Eifersucht das Leben zur Hölle gemacht.

Beim Betreten des Mediationsraumes findet keine Begrüßung statt. Seine ersten Worte sind: „Warum bin ich überhaupt hier?" Sie entgegnet: „Weil du unsere Ehe zerstört hast."

Die meisten Menschen, die zufällig Zeuge eines solchen Dialoges würden, hätten den Wunsch, sofort den Raum zu verlassen oder zumindest das Thema zu wechseln. Wer diesem Impuls widersteht, und versucht, eine vermittelnde Rolle einzunehmen hat eine Reihe von Möglichkeiten, mit dieser Situation umzugehen. Wenn der Mediator eine bewusste Aktion zur Bearbeitung des Konfliktes setzt, sprechen wir von einer Intervention in das Konfliktsystem. Manche Interventionen haben eine eskalierende Wirkung, heizen also den Streit weiter an, andere wirken deeskalierend, bauen negative Emotionen ab und tragen zu einer Versachlichung der Auseinandersetzung bei.

Leider ist es nicht immer einfach, zwischen beiden Möglichkeiten zu unterscheiden. Viele weit verbreitete und allgemein übliche Gesprächsformen sind zwar gut gemeint, verschärfen aber dennoch tendenziell den Konflikt. Zu diesen Kommunikationsarten zählen: Bewertungen abgeben, Ratschläge erteilen, Psychologisieren, Beschwichtigen, Verallgemeinern und dergleichen mehr. Zur Deeskalation wurden eine Reihe von Techniken entwickelt bzw. aus verwandten Disziplinen (Moderation, Coaching, Therapie,…) entnommen.

Derartige nützliche Techniken der Mediation lassen sich grob in Gesprächstechniken, Fragetechniken und Setting-Techniken einteilen.

4.1 Gesprächstechniken

Gesprächstechniken sind Beiträge, die den Dialog konstruktiv beeinflussen, strukturieren und klimatisch verbessern, ohne direkt das Gespräch zu steuern (vgl. Proksch 2014).

Aktives Zuhören

Der erste Schritt, um eine Konflikteskalation zu stoppen, ist das Zuhören. Dies ist eine schwierige, aber wenn man sie beherrscht, eine sehr wirkungsvolle Kunst. Das aktive Zuhören zeigt dem Gesprächspartner, dass der Mediator sich in seine Situation hineinversetzt und seine Position nachvollzieht. Dies erzeugt eine positive Gesprächsatmosphäre und schafft Vertrauen. Dabei wendet sich der Mediator dem Gesprächspartner mit voller Aufmerksamkeit zu, hält Blickkontakt und signalisiert Empfangsbereitschaft.

Aktives Zuhören bedeutet, die Information, die der Gesprächspartner vermitteln will, in ihrer Gesamtheit aufzunehmen und wieder zurückzusenden. Das heißt, dass der Mediator nicht nur die sprachliche, sondern auch die nichtsprachliche Botschaft zu empfangen und zu verstehen versucht, wie zum Beispiel Gefühle oder den „Sub-Text", die eigentliche Botschaft unter der Oberfläche. Aktives Zuhören heißt, die Einladung zur Gedankenreise anzunehmen.

Paraphrasieren

Beim Paraphrasieren wiederholt der Mediator das Gehörte mit eigenen Worten. Dazu bedient er sich einer neutralen Sprache und verzichtet auf Werturteile. Bei Angriffen oder Beleidigungen versucht er die dahinterliegenden Bedürfnisse herauszuhören und wiederzugeben.

Durch das Paraphrasieren hilft er der Konfliktpartei, sich selbst und ihre eigenen Bedürfnisse und Zielvorstellungen besser zu verstehen, was bei ihr eine Entlastung bewirkt. Gleichzeitig wird der anderen Seite bewusst, welche Anliegen das Gegenüber beschäftigen. Wichtig ist allerdings auch hier, dass nicht bloß die reine Sachbotschaft artikuliert wird, sondern dass auch erfasst wird, was die Konfliktpartei eigentlich meint und damit ausdrücken will.

Ich-Botschaften

Aussagen über eine andere Person werden leicht als Angriff wahrgenommen, weil sie den Anderen bewerten oder einschränken. Mit einer Ich-Botschaft kann der Mediator das gleiche ausdrücken, ohne einem Klienten zu nahe zu treten. Statt einem Vorwurf (z. B.: „Du bist wiedereinmal unpünktlich") transportiert die Ich-Botschaft eine klare Aussage ohne Angriff (z. B.: „Mir ist der zeitgerechte Beginn der Mediationssitzung wichtig, weil wir viel zu besprechen haben"). Statt sich über den Anderen zu äußern, beschreiben Ich-Botschaften die Wahrnehmung des Sprechers.

Meta-Dialog

Ein Meta-Dialog hebt das Gespräch auf eine abstrakte, höhere Ebene. Er löst sich gleichermaßen vom aktuellen Gesprächsinhalt und verlagert die Erörterung auf die allgemeinere, dem aktuellen Gegenstand übergeordnete Ebene. Wenn beispielsweise eine Auseinandersetzung darüber entbrannt ist, wer wann mit seinen Freunden segeln geht und wer wann bei den Kindern bleibt, dann verlagert der Mediator das Gespräch darauf, nach einer allgemeingültigen Freizeitregelung zu suchen.

Dadurch, dass man sich vom konkreten Thema löst, ist es leichter möglich, sachlich und nüchtern Meinungen auszutauschen und, vielleicht unter Zuhilfenahme objektiver Kriterien, zu einem vorläufigen Ergebnis zu kommen. Im zweiten Schritt kehrt man dann zum ursprünglichen Thema zurück. Die abstrakte Regelung dient als Hilfsmittel für die Lösung des vorliegenden Problems.

Perspektivenwechsel

Ein Sprichwort sagt: „Urteile nicht über einen Menschen, bevor du nicht eine Meile in seinen Schuhen gegangen bist!" Es kann sehr nützlich sein, den Gesprächspartner einzuladen, das Problem einmal durch eine andere Brille zu betrachten. Manchmal sind Konfliktparteien noch nie auf die Idee gekommen, sich in die Position des Gegenübers zu versetzen. Ein Perspektivenwechsel ist eine einfache aber wirkungsvolle Methode, das wechselseitige Verständnis zu fördern und eine emotionale Verbindung herzustellen.

Umformulieren

In Konfliktsituationen wird oft eine feindselige und aggressive Sprache verwendet. Die eigentliche Botschaft einer Aussage geht dabei leicht verloren. Der Mediator interveniert, indem er wertende, verletzende oder provokante Äußerungen in eine neutrale Sprache umformuliert. Dabei wird der negative Aspekt der Äußerung weggelassen und das dahinter stehende Anliegen oder Bedürfnis ausgesprochen. Auf diese Weise kann es gelingen, die Auseinandersetzung zu entschärfen und in konstruktive Bahnen zurückzuführen. Die Kunst des Umformulierens besteht darin, die Bedürfnisse und Interessen herauszuhören, beziehungsweise zu spüren und dann entsprechend zu artikulieren.

In unserem Beispiel von Karin und Roland gibt der Mediator in der Interessensphase jeder der Parteien zunächst durch aktives Zuhören die Möglichkeit, ihre Sicht der Dinge darzulegen. Durch Paraphrasieren hilft er, eine vertiefte Problemsicht herzustellen. Manche Aussagen von Karin oder Roland werden umformuliert. „Du bist ein verbohrter Dickkopf!" hört sich aus dem Mund des Mediators so an: „Ihre Beharrlichkeit macht Karin sehr zu schaffen!"

4.2   Fragetechniken

Durch Fragen steuert der Mediator den Gesprächsverlauf. Dabei achtet er
gleichzeitig auf ein konstruktives Klima, damit der Befragte sich öffnen kann
und ein positiver Gedankenaustausch ermöglicht wird. Um zu vermeiden, dass
der Gesprächspartner sich verschließt oder ausweichend antwortet, vermeidet der
Mediator, besonders zu Beginn, geschlossene Fragen, Suggestivfragen und rhetorische Fragen. Folgende Frageformen sind in der Mediation hilfreich:

Offene Fragen
Offene Fragen lassen alle Antwortmöglichkeiten offen. Dadurch fühlt sich der
Befragte eingeladen, seine Sichtweise darzulegen. So erhält man, anders als bei
geschlossenen Fragen, neue Informationen, anstatt nur die eigenen Annahmen
zu überprüfen. Ein Beispiel: „Was vermuten Sie, wie es zu dieser Situation
gekommen ist?"

Verständnisfragen
Verständnisfragen sollen Klärung bewirken und dienen dazu, das Gehörte besser einordnen zu können. Es geht nicht darum, neue Informationen zu erhalten,
sondern darum zu überprüfen, ob man etwas richtig verstanden hat. Ein Beispiel: „Verstehe ich das richtig, dass Sie die Kosten des täglichen Bedarfs alleine
bestreiten?"

W-Fragen
W-Fragen gehören auch zu den offenen Fragen. Sie beginnen mit wie, warum,
wodurch, wann, etc. Sie sind für die Klärung von Gegebenheiten und das Her-
stellen von Zusammenhängen nützlich. Unter den W-Fragen versteckt sich allerdings eine, die in der offenen Gesprächsführung eher vermieden werden sollte,
nämlich die Frage nach dem Warum. Eine solche Frage wird häufig als Kritik
aufgefasst. Viele Befragte fühlen sich angegriffen und reagieren ausweichend.
Diese Frage lässt sich etwas entschärfen, indem man das „Warum" beispielsweise
durch „Was hat Sie veranlasst…" ersetzt.

Zirkuläre Fragen
Zirkuläre Fragen wurden in der systemischen Familientherapie entwickelt (vgl.
Simon 2001). Sie haben den Zweck, mögliche Positionen anderer beteiligter
Personen in die eigenen Überlegungen mit einzubeziehen und neue Blickwinkel
zu erkunden. Die Befragte wird dadurch in die Lage versetzt, den eigenen Stand-
punkt zu relativieren und eine neue Sichtweise zuzulassen. Z. B. „Wie erklärt

sich Ihr Vater wohl Ihr Verhalten?" oder „Wie würde Ihre Freundin die Situation beschreiben?"

Konstruktive Fragen

Konstruktive Fragen regen die Befragte dazu an, Gedankenexperimente im Sinne von „Was wäre wenn" zu unternehmen. Sie leiten auf diese Weise einen Nachdenkprozess ein, der über bisherige Erklärungsmuster hinausgehen kann. Dadurch können neue Ideen entwickelt und Optionen überprüft werden. Auch Rückschlüsse auf aktuelle Befürchtungen und Hoffnungen können gezogen werden, die durch direktes Erfragen nicht immer deutlich werden. Z. B. „Was würde geschehen, wenn Sie Ihren Anwalt darüber informieren?"

Skalierungsfragen

Skalierungsfragen sind solche, mittels derer Einschätzungen an Hand einer imaginären quantitativen Skala (also z. B. von 0–10) abgefragt und durch Nachfragen weiter ausdifferenziert werden können. Diese Fragen sind nützlich, wenn es darum geht, graduelle Veränderungen oder eine Entwicklung sichtbar zu machen. Der absolute Zahlenwert ist dabei weniger wichtig als der relative Wert, der sich im Verlauf der Konfliktbearbeitung verändern kann, z. B. „Wie hoch schätzen Sie auf einer Skala von 0 bis 10 die Bereitschaft von Roland ein, sich an der Problemlösung zu beteiligen?"

Lösungsorientierte Fragen

Häufig wird viel Energie in die Analyse und Beschreibung von Problemen und wenig in die Entwicklung von Lösungen investiert. Daher ist es oft sinnvoll, stattdessen mögliche Lösungen ins Zentrum der Überlegungen zu stellen. Beispielsweise durch Suche nach Ausnahmen vom Problemzustand. Indem der Kontext und die Voraussetzungen für das Nichtauftreten des Problems identifiziert werden, können in einem nächsten Schritt Strategien entwickelt werden, um diese Bedingungen häufiger herzustellen, zum Beispiel mit den Fragen „Wann läuft es gut?" oder „Was müsste passieren, damit alle zufrieden sind?"

In unserem Beispiel fragt der Mediator nach: „Das Problem war also nicht, Roland, dass Karin zu wenig Zeit für Sie hatte, sondern dass Sie Ihre Vorschläge für die gemeinsame Freizeitgestaltung immer wieder ablehnte. Habe ich Sie da richtig verstanden? Gut. Wie sehen Sie das, Karin? Was ist Ihnen wichtig bei der eigenen bzw. bei der gemeinsamen Freizeitgestaltung?" Nach und nach kann auf diese Weise eine Reihe von Missverständnissen aufgeklärt werden.

4.3 Setting – Techniken

Setting-Techniken beeinflussen den Dialog durch bewusste Anordnung der Objekte und Menschen im Raum. Allein dadurch lässt sich bereits eine deeskalierende Wirkung – oder auch das Gegenteil – bewirken.

Das beginnt bereits bei der Anordnung der Stühle im Raum. Setzt man die Konfliktparteien einander mit direktem Blickkontakt gegenüber, dann fühlen sie sich wahrscheinlich veranlasst, ihre Auseinandersetzung fortzuführen. Der Mediator hätte in diesem Fall Schwierigkeiten, die Kontrolle über den Prozess zu gewinnen. Daher werden die Stühle üblicherweise so angeordnet, dass die Konfliktparteien mit Blick zum Mediator nebeneinander sitzen.

Ein leerer Stuhl kann dazu verwendet werden, eine nicht anwesende Person, die vielleicht einen wichtigen Anteil am Konfliktgeschehen hat, symbolisch in den Raum zu holen, um zu verhindern, dass auf sie vergessen wird.

Auch der Tisch im Raum ist Gegenstand von Überlegungen des Mediators. Ein Tisch schafft eine Barriere, gleichzeitig gibt er Menschen Sicherheit, die gewohnt sind, im Büro zu arbeiten. Bei größeren Gruppen wird oft auf einen Tisch verzichtet, weil auf diese Weise die Unmittelbarkeit der Auseinandersetzung gefördert wird.

Bei hoch eskalierten Konflikten kann es vorkommen, dass der Mediator den Blickkontakt zwischen den Parteien unterbindet, indem er eine Pinnwand oder eine andere Sichtbarriere zwischen ihnen aufstellt. So kann er mit den Parteien separat kommunizieren und beide können dennoch alles hören, was im Raum gesprochen wird.

Eine weitere beliebte Setting-Technik mit Stühlen ist die sogenannte Fishbowl, die bei der Arbeit mit großen Gruppen eingesetzt wird. Es werden ein Innenkreis und ein Außenkreis gebildet. Die Personen im Innenkreis diskutieren, die Personen im Außenkreis hören nur zu. Dies hat den Vorteil, dass Themen in einer kleineren Gruppe effizient nur von jenen Beteiligten besprochen werden, die auch tatsächlich betroffen sind. Gleichzeitig sind alle anwesend und erhalten so die gleichen Informationen.

Die Sprache der Mediation – gewaltfreie Kommunikation

5

Zusammenfassung

Gewaltfreie Kommunikation (GFK) als konstruktive und zielorientierte Gesprächsform wird in ihren Grundzügen dargestellt. Die vier Kernelemente der GFK, Beschreibung der Fakten, Ausdrücken der Emotionen, Verbindung zu den Bedürfnisse und Äußern einer Bitte werden beschrieben und anhand eines Beispiels in die Praxis übertragen.

© Robert Fucik

„Es ist besser, miteinander zu reden, als gegeneinander zu schweigen" (Ignazio Silone).

Gewaltfreie Kommunikation (GFK) ist ein Kommunikationskonzept, das insbesondere bei schwierigen oder konfliktbelasteten Gesprächssituationen angewendet werden kann. GFK ermöglicht es, in diesen Fällen eine Botschaft klar und zielorientiert zu übermitteln und dabei gleichzeitig eine kooperative Gesprächsbasis zu bewahren.

Dabei steht im Vordergrund, eine wertschätzende Beziehung zu entfalten, die ein konstruktives Zusammenleben ermöglicht. GFK wurde von Marshall Rosenberg, einem nordamerikanischen Psychologen, auf Basis der klientenzentrierten Gesprächspsychotherapie von Carl Rogers entwickelt.

Er geht davon aus, dass unsere Alltagssprache eine Reihe von „Gewaltelementen" enthält, die unsere Kommunikation erschweren und uns von den Mitmenschen entfremden. Diese sind zum Beispiel Werturteile, Schuldzuweisungen und Diagnosen. Auch das Leugnen von Verantwortung für eigene Gefühle und Handlungen und das Äußern von Forderungen gehören dazu. Als Metaphern verwendet Rosenberg den Wolf bzw. die „Wolfssprache" für die gewalttätige Sprache und die Giraffe, weil sie das Landsäugetier mit dem größten Herz ist, für die gewaltfreie Sprache. Er nannte GFK auch die „Sprache des Herzens".

Wenn der Wolf sagt: „Du bist unverschämt!" oder „Das ist ungerecht!", würde die Giraffe es so formulieren: „Ich brauche Respekt!" oder „Fairness ist mir wichtig!". Die Du-Botschaft wird ersetzt durch eine Ich-Botschaft, das Werturteil durch ein Bedürfnis.

Gewaltfreie Kommunikation beruht auf folgender Grundannahme: Wir alle sind soziale Wesen und streben danach, mit unseren Mitmenschen in Einklang zu leben. Wir versuchen daher, unsere eigenen Bedürfnisse sowie die unserer Mitmenschen zu erfüllen. Hinter jeder Entscheidung für eine Handlung steckt also ein Bedürfnis, das dem Zusammenleben dient.

Daraus folgt: Menschen sind kooperativ, wenn sie darauf vertrauen können, dass ihre Bedürfnisse berücksichtigt und soweit wie möglich erfüllt werden. Die Art und Weise, wie wir unsere Bedürfnisse befriedigen, kann allerdings zu Konflikten führen. Auch Gewalt, so Rosenberg, ist nichts anderes als der tragische Ausdruck eines unerfüllten Bedürfnisses. Auf der Grundlage dieser Erkenntnisse hat er ein Gesprächsmodell entwickelt, das unsere Bedürfnisse in den Vordergrund stellt.

GFK beruht auf vier Kernelementen: dem Beobachten ohne zu urteilen, dem Äußern echter Gefühle, der Benennung von Bedürfnissen und dem Aussprechen eines Appells in Form einer klaren Bitte.

Ein einfaches Beispiel: Ein Kollege kommt bei Sitzungen regelmäßig deutlich zu spät. Das stört und irritiert die anderen Kollegen. Schließlich platzt einem der Kragen und er schimpft: „Dein andauerndes Zuspätkommen ist eine Rücksichtslosigkeit uns gegenüber. Unsere Zeit ist auch kostbar. Das nächste Mal fangen wir einfach ohne dich an!"

Hier ist eine Auseinandersetzung oder zumindest schlechte Stimmung vorprogrammiert. Gewaltfreie Kommunikation hilft, solche Situationen konstruktiv zu bewältigen.

Der GFK-Prozess beginnt mit dem Beobachten bzw. Beschreiben ohne zu (ver-)urteilen. In unserem Beispiel würde eine angemessene Reaktion etwa so lauten: „Wir haben 9 Uhr als Sitzungsbeginn vereinbart. Du kommst um 9.20 Uhr. Vorige Woche bist du um 9.15 Uhr eingetroffen und die Woche davor ebenfalls."

Der zweite Schritt besteht darin, ein echtes Gefühl zu artikulieren. Das Gefühl schafft eine emotionale Verbindung zu dem Angesprochenen: „Das ärgert mich,...." Nun folgt der dritte Schritt, nämlich die Benennung des Bedürfnisses, das durch das Ereignis verletzt wird: „...weil ich Verlässlichkeit brauche, damit wir mit unseren Themen in der vorgesehenen Zeit durchkommen!" Je besser es gelingt, das Gefühl mit dem Bedürfnis in Verbindung zu bringen, desto authentischer können wir die Botschaft vermitteln. Schließlich folgt der Appell: „Daher bitte ich dich, ab jetzt bei unseren Meetings zur vereinbarten Beginnzeit da zu sein!"

Gewaltfreie Kommunikation ist allerdings keine Gesprächsform für jeden Anlass sondern sollte bewusst und gezielt bei schwierigen Gesprächssituationen eingesetzt werden. Bei inflationärer Anwendung besteht die Gefahr, dass die Natürlichkeit der Sprache und der authentische Selbstausdruck darunter leiden. Die Mediatorin bzw. der Mediator bedient sich der gewaltfreien Kommunikation, um (bewusst oder unbewusst verwendete) destruktive Gesprächsformen der Klienten sichtbar zu machen und in eine kooperative Sprache umzuwandeln.

Anwendung und Grenzen der Mediation

6

Zusammenfassung

Der folgende Abschnitt beschreibt, in welchen Situationen Mediation angebracht ist und wann eine andere Form der Konfliktbearbeitung besser geeignet erscheint. Diese anderen Formen werden mit ihren Vor- und Nachteilen prägnant erläutert und die Abgrenzung zur Mediation deutlich gemacht.

6.1 Anwendungsbereiche

Die Anwendungsgebiete der Mediation sind vielfältig. Ausgehend vom Bereich Scheidung und Trennung hat sich Mediation in den unterschiedlichsten Feldern etabliert: In der Wirtschaft, in der Schule, im öffentlichen Raum, im gerichtsnahen Bereich, in der Nachbarschaft sowie bei Friedensprozessen. Dazu kommen Spezialgebiete wie Mediation bei internationalen Kindesentführungen oder im Verbraucherschutz.

Was haben all diese Anwendungsgebiete gemeinsam? Mediation lässt sich immer dann ideal einsetzen, wenn eines oder mehrere der folgenden vier Kriterien zutrifft: Es handelt sich um Dauerbeziehungen, es ist eine emotionale Komponente im Spiel, es wird eine zukunftsorientierte Lösung angestrebt und es besteht ein gemeinsames Interesse.

Nun könnte man meinen, Mediation sei ohnehin auf alle Formen von Konflikten anwendbar. Das trifft allerdings nicht zu. Mediation hat ihre Grenzen. Nicht für Mediationsprozesse geeignet sind Situationen, bei denen ein starkes Machtgefälle zwischen den Parteien besteht, zum Beispiel bei Konflikten zwischen einem internationalen Konzern und einem Endverbraucher. Manchmal

erfüllt ein Konflikt den Zweck, mediale Aufmerksamkeit zu wecken und persönliche Zustimmungswerte in die Höhe zu schrauben, zum Beispiel in der Politik.
Eine Mediation wäre dabei wenig hilfreich. Gerichtliche Auseinandersetzungen,
in denen es darum geht, eine offene Rechtsfrage zu klären, sind ebenfalls kein
Anlass für eine Mediation. Auch lassen sich Situationen, wo unter Zeitdruck Entscheidungen getroffen werden müssen, nicht durch Mediationen lösen. Mediation
ist also kein Allheilmittel sondern ein Verfahren, welches dann eingesetzt wird,
wenn konstruktive Lösungen zu beiderseitigem Nutzen gefunden werden sollen.

6.2   Verfahren der Konfliktbearbeitung neben Mediation

Seit Mediation um die vergangene Jahrtausendwende einer breiten Öffentlichkeit
bekannt wurde, streiten einige Berufsgruppen darüber, zu welchem Fachgebiet sie
gehört. Oder ist sie eine eigenständige Disziplin? Unstrittig ist, dass Mediation
Komponenten des Rechts, der Psychologie, der Soziologie sowie der Ökonomie
vereint. Anders gesagt: Ziel der Mediation ist im Allgemeinen eine gerechte,
emotional stimmige und ökonomisch vernünftige Lösung. Je nachdem, welchen
Schwerpunkt man setzen will, rückt eine andere Form der Konfliktbearbeitung ins
Blickfeld.

    Ohne Anspruch auf Vollständigkeit, möchte ich folgende Formen der Konflikt-
bearbeitung skizzieren und ihr Verhältnis zur Mediation darstellen: Coaching,
Moderation, Supervision, Teamentwicklung, Verhandlung, systemische Struktur-
aufstellung, Psychotherapie, Gerichtsverfahren, Schiedsgericht, Hybride Konfliktregelungsverfahren.

Coaching

Coaching ist die zielorientierte Beratung und Unterstützung einer Person mit
dem Ziel, ein aktuelles Problem zu lösen, wobei allerdings die Entwicklung und
Auswahl der Lösung, zum Unterschied von der klassischen (Unternehmens-)
Beratung, beim Klienten liegt und nicht vom Coach eingebracht wird. Durch die
Analyse und Reflexion der Problemstellung und möglicher Optionen ergeben sich
für den Klienten neue Sichtweisen und Möglichkeiten. Der Umgang mit Konflikten ist ein häufiger Anwendungsfall für Coaching, weil dadurch ein besseres Verständnis der Konfliktdynamik, der eigenen Anteile am Konflikt etc. erreicht wird
und so die Konfliktbewältigung verbessert werden kann.

    Der Unterschied zur Mediation besteht darin, dass sich der Coach parteilich mit
einem Klienten, manchmal auch einer Gruppe, auf ein Ziel hinarbeitet, während

der Mediator allparteilich bzw. neutral einen Konflikt zwischen zwei Personen – oder Gruppen – bearbeitet.

Moderation
Moderation ist eine Methode, die durch Strukturierung, Visualisierung und andere Techniken den Arbeitsprozess von Gruppen fördert. Die Moderatorin fungiert als neutrale Gesprächsleiterin, die sich aus der inhaltlichen Diskussion heraushält und ausschließlich für eine konstruktive und zielorientierte Prozessgestaltung verantwortlich ist.

Der Unterschied zur Mediation besteht darin, dass keine Konfliktbearbeitung im Sinne einer Aufarbeitung von Interessen und Bedürfnissen stattfindet. Es geht ausschließlich um die Erreichung eines definierten Ziels und die Nutzung vorhandener Synergien.

Supervision
Supervision ist ein Reflexionsprozess, der meist in einer Gruppe zum Zwecke der Entwicklung und Vertiefung von berufsspezifischen Handlungskompetenzen stattfindet. Inhalte der Supervision sind Probleme, die aus schwierigen beruflichen Situationen entstehen, weil diese oft als vielfältig und mehrdeutig erlebt werden und für die Beteiligten eindeutige Beurteilungskriterien fehlen. Deshalb wird Supervision auch in der Regel in beruflich homogenen Gruppen durchgeführt, z. B. für Krankenschwestern, Therapeuten, Richter, Berater und Angehörige anderer Berufssparten.

Im Unterschied zur Mediation geht es bei der Supervision mehr um Reflexion und ein vertieftes Problemverständnis sowie um Psychohygiene als um konkrete Konfliktlösung. Mediatorinnen nehmen fallweise auch Supervision in Anspruch, um die Qualität ihrer Arbeit sicherzustellen und professionelle Weiterentwicklung zu fördern.

Teamentwicklung
Teamentwicklung fördert die Zusammenarbeit einer Personengruppe mit der Zielsetzung, ein arbeitsfähiges Team zu werden. Dieser Prozess ist in der Regel von Spannungssituationen und Differenzen begleitet. Durch gelingende Teamentwicklung wird die Gruppe in die Lage versetzt, Probleme und Konflikte eigenständig zu bearbeiten und zu lösen. Teamentwicklung besteht also in der professionellen Steuerung des Gruppenprozesses zur Verbesserung der Zusammenarbeit.

Im Rahmen einer Teamentwicklung werden auch Konflikte bearbeitet, aber die Konfliktbearbeitung ist nicht der eigentliche Zweck dieser Methode sondern vielmehr eher ein Mittel zur Entwicklung der Arbeitsfähigkeit einer bestimmten

Personengruppe. Tauchen im Rahmen einer Teamentwicklung handfeste Konflikte auf kann eine Mediation erfolderlich werden.

Verhandeln/integratives Verhandeln

Eine Verhandlung ist eine mündliche Auseinandersetzung über einen kontroversen Sachverhalt, die durch unterschiedliche Positionen der Parteien gekennzeichnet ist und einen Interessenausgleich zum Ziel hat. Oft versuchen Parteien mittels Verhandlung eine Lösung einer Streitfrage herbeizuführen. Eine Variante des Verhandelns ist die „Kooperative Praxis" (collaborative law). Hier versuchen die Parteien gemeinsam mit ihren Anwältinnen und bei Bedarf auch Coaches auf dem Verhandlungsweg eine Lösung zu erreichen. Die beteiligten Anwältinnen verpflichten sich, bei einem allfälligen nachfolgenden Gerichtsverfahren kein parteiliches Vertretungsmandat zu übernehmen.

Im Unterschied zur Mediation ist bei der Verhandlung keine neutrale bzw. allparteiliche Dritte als Mediatorin oder Moderatorin anwesend, um die Verhandlung im Sinne einer konstruktiven und effizienten Gesprächsführung zu leiten.

Systemische Aufstellung

Systemische Aufstellung ist ein Verfahren, bei dem Beziehungsstrukturen zwischen Personen, aber auch zwischen Gruppen, Systemen oder ideellen Einheiten (Problemen, Fakten, Zielen,…) anhand von räumlichen Anordnungen abgebildet werden. Dadurch werden strukturelle und inhaltliche Gegebenheiten im Beziehungsgefüge verdeutlicht, die sich einer Darstellung auf sprachlicher Ebene weitgehend entziehen. Es zeigt sich dabei das Phänomen, dass die Aufstellung ein „Wissensfeld" generiert, das den involvierten Personen (Repräsentantinnen) Zugang zu tiefer liegenden Schichten eines Problems oder Anliegens ermöglicht, was wiederum die Möglichkeit schafft, zu neuen Erkenntnissen oder Einsichten zu gelangen (Fleischner 2004).

Im Unterschied zur Mediation steht hier nicht die konkrete Lösungsfindung durch die Konfliktparteien sondern die Entwicklung neuer Erkenntnisse bzw. die Bewältigung von Problemen und Konflikten durch das Individuum im Vordergrund.

Psychotherapie

Psychotherapie dient der Behandlung psychisch, emotional und psychosomatisch bedingter Krankheiten, Leidenszustände oder Verhaltensstörungen mithilfe verschiedener Formen verbaler und nonverbaler Kommunikation (https://de.wikipedia.org/wiki/Psychotherapie). Wenn Konflikte in schwerwiegender Form und dauerhaft Wohlbefinden und emotionale Balance einer Person beeinträchtigen, ist es ratsam, eine Therapeutin aufzusuchen.

Mediation fokussiert hingegen weniger auf die Einzelperson sondern mehr auf die konflikthafte Beziehung zwischen Parteien bzw. die Interessenskollision zwischen ihnen und trachtet danach, diese zu klären und einer Lösung zuzuführen.

Gerichtsverfahren

Die klassische Methode der Streitbeilegung vor einem staatlichen Gericht besteht darin, den von den Parteien durch den Streitgegenstand definierten Rechtsstreit durch Verwirklichung des sachlichen Rechts zu beenden und dadurch Rechtsfrieden herzustellen. Da die Parteien den Streitstoff selbst bestimmen, besteht der Zweck des Gerichtsprozesses weder in der umfassenden Aufklärung noch in einer umfassenden Beilegung eines Konflikts, sondern vielmehr in der Entscheidung des von den Parteien vorgetragenen Rechtsstreits.

In einem Gerichtsverfahren wird also der Streit durch eine neutrale Instanz, die Richterin, entschieden. In der Mediation werden die Entscheidungen von den Parteien selbst getroffen. Die Mediatorin hat ausschließlich die Aufgabe, den Gesprächsprozess so zu leiten, dass die Parteien selbstverantwortet kooperative Konfliktlösungen erzielen können.

Schiedsgerichtsbarkeit, Schlichtung

Schiedsgerichte sind nicht-staatliche Gremien, die über bestimmte Streitigkeiten abschließend durch einen die Parteien bindenden Schiedsspruch entscheiden. Eine Schiedsrichterin (bzw. ein Schiedsrichterkollegium) führt ein geregeltes Verfahren auf der Basis des geltenden Rechts durch. Der Vorteil besteht darin, dass ein solches Verfahren in der Regel eine kürzere Dauer hat als ein Gerichtsverfahren vor einem staatlichen Gericht und nicht öffentlich ist. Verwandt damit ist die Schlichtung. Hier wird von einem Schlichter ein Lösungsvorschlag unterbreitet, der allerdings nicht verbindlich ist und den Parteien als Orientierung für eine eigenständige Konfliktlösung dienen soll.

Beide Formen werden als evaluative Konfliktregelungsverfahren bezeichnet (Trenczek et al. 2013, S. 270 ff.). Im Unterschied zur Mediation wird auch hier von einer dritten Partei eine Entscheidung getroffen.

Hybride Konfliktregelungsverfahren

In den letzten Jahren haben sich einige „hybride" Konfliktregelungsverfahren entwickelt, die Vorteile aus mehreren Verfahren zu kombinieren suchen. Med-Arb beispielsweise führt ein Mediationsverfahren bis zu einem bestimmten Punkt durch, der durch Zeitablauf oder auch inhaltlich definiert werden kann. Danach wird ein Schiedsgerichtsverfahren (arbitration) angeschlossen, um die verbleibenden offenen Punkte zu entscheiden (Trenczek et al. 2013, S. 643). Mediatorin und Schiedsrichterin sind hier oftmals dieselbe Person.

Bei einem Med-Arb Verfahren sind die Offenheit und die Vertraulichkeit nicht vergleichbar mit der Situation während eines Mediationsverfahrens. Die Parteien halten sich mit der Freigabe von Informationen tendenziell zurück, da sie befürchten müssen, dass die Mediatorin sie später in ihrer Rolle als Schiedsrichterin negativ bewerten könnte.

Ein weiteres Verfahren ist das „Collaborative Law", bei dem Anwälte gemeinsam mit ihren Parteien eine kooperative Verhandlungslösung anstreben. Dabei verpflichten sich die Anwälte, in einem allfälligen folgenden Gerichtsverfahren ihre Partei nicht zu vertreten.

Ausbildung zum Mediator / zur Mediatorin

7

Zusammenfassung

Das folgende Kapitel beantwortet zunächst die Frage, wer sich zum Mediator eignen könnte und anhand welcher Kriterien man sich dieser Frage nähern kann. Danach werden grundlegende Anforderungen an eine qualitativ hochwertige Ausbildung beschrieben und mögliche Kontaktstellen für weiterführende Auskünfte genannt.

7.1 Wer eignet sich als Mediator?

Mediationsausbildungen werden von Menschen verschiedenster Berufe mit unterschiedlichen Qualifikationen besucht. Manche von ihnen haben sich deshalb für eine Ausbildung entschieden, weil sie über ein Talent verfügen, mit Spannungen und zwischenmenschlichen Problemen umzugehen. Sie haben Situationen erlebt, in denen es ihnen gelungen ist, in einem Konflikt zu vermitteln, und wollen diese positive Erfahrung auf eine professionelle Basis stellen. Andere haben selbst eine schwierige oder problematische Konflikterfahrung gemacht wie zum Beispiel eine Trennung oder einen Gerichtsprozess und suchen nach alternativen Möglichkeiten der Konfliktbewältigung. Wieder andere hegen den Wunsch nach einer Abwechslung zu ihrer beruflichen Tätigkeit und wollen mal etwas ganz anderes kennenlernen.

Gemeinsam ist diesen Menschen, dass Konflikte auf sie einen Reiz oder eine Faszination ausüben, und sie mit diesem Phänomen einen konstruktiven und zielorientierten Umgang finden wollen. Ein solches Gefühl ist eine erste vorteilhafte Voraussetzung für die Tätigkeit als Mediator. Dazu kommen noch weitere

© Springer Fachmedien Wiesbaden GmbH, ein Teil von Springer Nature 2018   39
S. Proksch, *Mediation,* essentials, https://doi.org/10.1007/978-3-658-22980-1_7

Aspekte: Eine positive Grundeinstellung und Wertschätzung gegenüber den Mitmenschen sowie ein hoch entwickeltes Einfühlungsvermögen. Wichtig sind auch ein ehrliches Interesse an Menschen und ihren Lebensumständen und die Überzeugung, dass diese in der Lage sind, ihre Probleme selbst zu lösen. Diese Kriterien stellen meine ganz persönlichen Erfahrungswerte dar und erheben keinen Anspruch auf Allgemeingültigkeit. Allerdings können sie dazu beitragen, etwas mehr Klarheit zu schaffen, wenn es darum geht zu entscheiden: Ist Mediation eine Tätigkeit, die ich erlernen und ausüben möchte?

7.2   Die Mediationsausbildung

Wer die Tätigkeit des Mediators qualifiziert ausüben möchte, sollte sich darum bemühen, offiziell als Mediator registriert zu werden. Der erste Schritt ist daher die Absolvierung einer Mediationsausbildung. Leider sind nach wie vor viele Personen ohne Ausbildung als Mediatoren tätig, weil sie glauben, durch ein natürliches Talent dazu befähigt zu sein, oder weil sie es als Teil ihres Grundberufes ansehen, wie zum Beispiel manche Rechtsanwälte oder Psychologen. Solche intuitiv befähigten und nicht entsprechend qualifizierten Mediatoren verfügen selten über die erforderlichen Fähigkeiten, ein Mediationsverfahren professionell durchzuführen, und schaden im Fall des Scheiterns nicht nur ihrem eigenen Ruf, sondern auch dem der Mediation als Profession.

Mediationsausbildungen sind in vielen europäischen Ländern, so auch in Deutschland und Österreich, gesetzlich geregelt. Der Ausbildungsumfang schwankt zwischen 50 h und knapp 300 h. In den Niederlanden dauert die Ausbildung etwa 50 h, in Deutschland 120 h, in Österreich etwa 270 h (365 Lehreinheiten a 45 min). Grundsätzlich kann jeder Mediation lernen, es gibt keine akademischen oder berufsspezifischen Voraussetzungen.

Qualitätsmerkmal einer soliden Mediationsausbildung ist die Kombination der Auseinandersetzung mit theoretischen Grundlagen und der Vermittlung praktischer Fertigkeiten (Zilleßen 1998, S. 244), denn das Verständnis der Grundlagen allein reicht nicht aus, um das Handwerk der Mediation zu beherrschen. In den meisten Kursen werden daher praxisorientierte Methoden in den Mittelpunkt gestellt. Diese Techniken werden anhand von Rollenspielen und Übungen erlernt. Rollenspiele versetzen die Teilnehmer in die Situation, mit Konflikten umgehen zu müssen, wobei andere Teilnehmer in die Rollen der Konfliktparteien schlüpfen. Als Faustregel gilt: Der Anteil der praktischen Ausbildungsinhalte sollte die Hälfte oder bis zu zwei Drittel der gesamten Ausbildungszeit in Anspruch nehmen.

Hochwertige Ausbildungen zeichnen sich auch dadurch aus, dass sie von Praktikern geleitet werden. Menschen, die selbst kontinuierlich als Mediatoren tätig sind, bringen als Trainer ihre praktische Erfahrung ein und gewähren Einblick in ihre persönliche Arbeitsweise. Die Teilnehmer werden dazu angeregt, ihren eigenen Stil zu entwickeln.

Nach der Ausbildung erfolgt die offizielle Registrierung als Mediator. Eine länderübergreifende einheitliche Regelung dafür existiert nicht. In Deutschland wird man durch Akkreditierung bei einem Mediationsverband registriert. Die wichtigsten Verbände sind der BM (Bundesverband Mediation), der BAFM (Bundes-Arbeitsgemeinschaft für Familienmediation) und der BMWA (Bundesverband für Mediation in Wirtschaft und Arbeitswelt). In Österreich erfolgt die Eintragung als „Mediator für Mediation in Zivilrechtssachen" beim Bundesministerium für Justiz. In der Schweiz bestehen je Kanton unterschiedliche Richtlinien.

Geschichtliche Entwicklung der Mediation

Zusammenfassung

Das folgende Kapitel stellt die Entwicklung der Mediation von den Anfängen vor vielen Jahrhunderten in unterschiedlichen Kontinenten bis heute dar. Die Ursprünge der Mediation in unserer gegenwärtigen Form, die in Nordamerika entstanden, werden ebenso erläutert wie die Anfänge der Mediation in Europa und im Speziellen im deutschsprachigen Raum.

8.1 Ursprünge der Mediation

Die naheliegende und bekannteste Form der Konfliktaustragung ist traditionell der Krieg. Die Geschichtsbücher sind voll davon. Die Geschichte der Friedensarbeit und der Vermittlung zwischen Streitparteien stand von jeher weniger im Rampenlicht und ist daher schwieriger nachzuzeichnen.

Die ersten geschichtlichen Spuren der Vermittlung sind 6000 Jahre alt und stammen aus China. Bis heute werden im chinesischen Kulturkreis Konflikte eher durch Verhandlung als durch Gerichtsentscheid beigelegt. Auch in afrikanischen Stammeskulturen wurde Konfliktvermittlung über lange Zeit praktiziert. Das Wort „Palaver", das sich bis in unsere Zeit erhalten hat, bezeichnet eine Form des Verhandelns mit Phasen und einer Zeitstruktur, also im weitesten Sinn ebenfalls einen Vorläufer der Mediation (Duss-von Werdt 2005). Viele Stämme Afrikas kennen das Instrument der Volksversammlung, wobei der jeder Ortsbewohner das Recht hat, eine solche einzuberufen. Hier fungiert eine angesehene Person als Mediator.

© Springer Fachmedien Wiesbaden GmbH, ein Teil von Springer Nature 2018
S. Proksch, *Mediation,* essentials, https://doi.org/10.1007/978-3-658-22980-1_8

Der griechische Staatsmann Solon, er lebte im 6. Jahrhundert vor Christus, war wahrscheinlich der erste Europäer, der offiziell als Vermittler bezeichnet wurde. Er mediierte erfolgreich als gewählter Politiker in der Situation einer Schuldenkrise zwischen Aristokratie und Bürgern, wodurch ein Bürgerkrieg verhindert werden konnte.

Auch in der Bibel, im Neuen Testament, finden sich Ratschläge zur informellen, außergerichtlichen Konfliktbereinigung durch Dritte: Paulus fordert die Christen von Korinth auf, ihre Streitigkeiten nicht vor das weltliche Gericht zu bringen, sondern in der Gemeinde vor einem Bruder auszutragen (1.Kor. 6, 1–5).

Jesus legt im Matthäusevangelium eine außergerichtliche Bereinigung nahe, solange noch Zeit ist (Math. 18, 15–17): „Wenn dein Bruder sündigt, dann geh hin und weise ihn unter vier Augen zurecht. Hört er auf dich, so hast du deinen Bruder zurückgewonnen. Hört er aber nicht auf dich, dann nimm einen oder zwei Männer mit. … Hört er auch auf diese nicht, dann sag es der Gemeinde."

Der erste Mediator war wahrscheinlich der venezianische Diplomat Alvise Contarini. Ihm wird zugeschrieben, 1647 den Westfälischen Frieden als neutraler Vermittler auszuhandeln geholfen zu haben, der den 30-jährigen Krieg beendete. Besonderes Durchhaltevermögen und Hartnäckigkeit zeichneten ihn aus, da dieses umfangreiche Mediationsverfahren sieben – andere Quellen sprechen von zwölf – Jahre dauerte.

Im Mittelalter findet sich der Ausgleichsgedanke als Alternative zur Bestrafung in der sogenannten „Transactio", eines Vergleichs- und Sühnevertrags. Wenn zum Beispiel ein Fuhrwerk eine Hütte zum Einsturz brachte, war den Bewohnern durch Hilfe beim Wiederaufbau mehr geholfen als durch die Einkerkerung des Kutschers. Streitigkeiten sollten freundschaftlich oder durch einen Vergleich bzw. durch Vermittlung oder einen Schiedsmann beendet werden, „sodass der Friede wieder einkehre" (Duss-von Werdt 2005).

Der Begriff Mediation hat sowohl griechische als auch lateinische Wurzeln. Das griechische Wort „Medos" steht für „neutral, vermittelnd, unparteiisch". Das lateinische „Meditatio" bedeutet „über sich nachdenken". Der Mediator ist also Mittelsperson, aber auch Vertrauter, Schweiger, Hörer, Frager sowie Demokrat.

Mit dem Beginn der Neuzeit und der Entwicklung bürgerlicher Staatsformen verlor die Praxis der Vermittlung immer mehr an Bedeutung, nicht zuletzt weil man in einer rationalistischen Gesellschaft davon ausging, dass sich bei Differenzen und Konflikten grundsätzlich eine „richtige" Lösung finden lässt. Die zunehmende Verrechtlichung nahezu aller gesellschaftlichen Teilbereiche rückte den Streit um richtig oder falsch in den Fokus der Aufmerksamkeit und verdrängte weitgehend den Gedanken des Ausgleichs.

8.2 Nordamerika: Ausgangspunkt der heutigen Mediation

Erst der Wertewandel, der sich etwa ab den 1960er Jahren in den USA und Europa vollzog, machte es möglich, das Rechtssystem und die ausgleichende Vermittlung als sich ergänzende Prinzipien zu begreifen, was der Mediation einen deutlichen Aufschwung brachte. Die Methode der Mediation, so wie wir sie heute kennen, mit einem klaren Phasenablauf und ausgeprägten Grundprinzipien, wurde in Nordamerika entwickelt.

Die ersten Schlichtungsverfahren wurden für Arbeitskonflikte eingerichtet. 1913 wurde das Board of Conciliation für den Eisenbahnbau gegründet. Wenige Jahre später entstand in New York die Gesellschaft zur Förderung von Schiedsverfahren und alternativen Konfliktregelungsverfahren (vgl. Besemer 1999).

Bekanntheit in einer breiten Öffentlichkeit erlangte die Mediation, als man begann, mit dieser Methode Paare zu begleiten, die eine Trennung oder Scheidung durchliefen. Als Vater der Mediation gilt der Rechtsanwalt und Familientherapeut O.J. Coogler. Nachdem er selbst eine Scheidung mit katastrophalen Folgen für Familie und Vermögen erlebt hatte, begann er die Art und Weise, wie Scheidungsverfahren durchgeführt wurden, grundlegend zu verändern. Er erkannte, dass es notwendig war, selbstverantwortlich und ohne Gerichtsprozess zu verhandeln, um die Eskalationsspirale zu durchbrechen.

Die übliche Dauer der Scheidungsverfahren konnte durch Mediation um mehr als die Hälfte gesenkt werden, wobei die Kosten ebenfalls einen Bruchteil der Kosten von Gerichtsverfahren ausmachen. Da die in der Mediation erzielten Ergebnisse auf den Zielvorstellungen und Interessen der beiden Parteien beruhen, ist auch die Haltbarkeit der Ergebnisse wesentlich höher als bei einem Urteil durch eine gerichtliche Instanz.

8.3 Mediation im deutschsprachigen Europa

In Deutschland, Österreich und der Schweiz entwickelte sich die Mediation, anders als in den USA, zunächst bei strafrechtlich relevanten Konflikten. Der Tatausgleich bzw. Täter-Opfer-Ausgleich (TA bzw. TOA) wurde in den Achtzigerjahren des 20. Jahrhunderts in Deutschland und Österreich eingeführt. Weiten Teilen der Bevölkerung wurde die Mediation allerdings auch hier erst durch den Einsatz bei Trennung und Scheidung bekannt.

Die ersten Mediationsvereinigungen wurden in Deutschland und der Schweiz 1992 gegründet (BM, BAFM, Schweizerischer Verein für Familienmediation).

Österreich hat als erstes Land in Europa im Jahr 2004 ein Mediationsgesetz, das sogenannte Zivilrechts-Mediations-Gesetz, als allgemeine Regelung der Mediation verabschiedet.

Eine Besonderheit in Deutschland ist das sogenannte Güterichtermodell. Dieses sieht vor, dass Richter innerhalb des Gerichts auch als nicht ent-scheidungsbefugte Vermittler tätig sein und dabei alle Methoden der Konfliktbe-arbeitung einschließlich Mediation einsetzen können (vgl. Trenczek et al. 2013). Somit wurde die Mediation in die hoheitlichen Konfliktregelungsmechanismen integriert. Alle anderen europäischen Länder halten an einer Trennung zwischen staatlicher Gerichtsbarkeit und parteiautonomer Vermittlung aus methodischen sowie rechtlichen und wettbewerbsrechtlichen Gründen fest.

1994 wurde in Österreich ein Pilotprojekt zur Mediation an den Bezirks-gerichten Salzburg und Wien-Floridsdorf initiiert, welches durch ein begleitendes Forschungsprojekt von der Universität Wien unterstützt wurde. Im Zuge die-ses Projekts empfahlen Richter für einzelne Konfliktfälle Mediation und gaben geeignete Scheidungsverfahren an Mediatorinnen weiter. Ziele der Mediation waren dabei die Regelung der rechtlichen und ökonomischen Angelegenheiten sowie das Festlegen gemeinsamer, verantwortungsvoller Vereinbarungen über die Gestaltung zukünftiger Lebensbedingungen der Kinder. Daneben gab es die Möglichkeit der Kinderbegleitung bei Scheidung oder Trennung der Eltern.

1996 konnte das Projekt erfolgreich beendet werden. Die Begleitforschung empfahl einen flächendeckenden Ausbau der Mediation, die schließlich aus-schlaggebend für die Verabschiedung des Mediationsgesetzes war. 1995 wurde der ÖBM (Österr. Bundesverband der Mediatorinnen), 2003 das Österreichische Netzwerk Mediation gegründet. Beide verstehen sich als Dachverbände der Mediatoren Österreichs.

Auch auf europäischer Ebene wurden die Bedeutung und die Chancen der Mediation erkannt. Daher erließ die Europäische Union im Jahr 2013 die Richt-linie über die alternative Beilegung verbraucherrechtlicher Streitigkeiten. Diese Richtlinie ist eine Rechtsvorschrift über Streitbeilegung zwischen Verbrauchern und Unternehmern zur Förderung des Wachstums und des Vertrauens in den Binnenmarkt und Erreichung eines hohen Verbraucherschutzniveaus ohne Ein-schränkung des Zugangs der Verbraucher zu den Gerichten.

Die europäische Richtlinie regelt allerdings nur grenzüberschreitende Streitig-keiten. Sie musste von den Mitgliedstaaten in das nationale Recht übernommen werden. Bereits im Jahr 2004 wurde der Europäische Verhaltenskodex für Media-torinnen als freiwillig einzuhaltende Verfahrensregel von der Europäischen Kom-mission angenommen.

Schlussbetrachtung 9

„Wir Menschen sind die einzigen Wesen auf diesem Planeten, die andere Formen der Konfliktbewältigung kennen als die Vergeltung" (Irenäus Eybl-Eibesfeld).

Wenn wir die Welt, die uns umgibt, betrachten, sehen wir, neben großartigen zivilisatorischen Errungenschaften, auch viel Streit, Krieg und Zerstörung. Auf dem Schlachtfeld des Richtig und Falsch bleiben oft nur Verlierer zurück.

Mediation ist die Wiederentdeckung einer Form der Konfliktlösung, die auf den Bedürfnissen und Interessen der Menschen beruht. Wenn es uns gelingt, den Streit und die Vergeltung zu überwinden, dann kann aus einer Auseinandersetzung eine Chance werden. Mit diesem Buch möchte ich dazu beitragen, die Chancen in Konflikten zu erkennen und eine konstruktive Streitkultur zu fördern.

© Springer Fachmedien Wiesbaden GmbH, ein Teil von Springer Nature 2018
S. Proksch, *Mediation,* essentials, https://doi.org/10.1007/978-3-658-22980-1_9

Was Sie aus diesem *essential* mitnehmen können

- Sie verstehen die Wirkungsweise der Mediation
- Sie können einschätzen, in welchen Fällen Mediation eingesetzt werden kann
- Sie verstehen die Systematik der Mediation
- Sie können die Phasen der Mediation gestalten und sich daran orientieren
- Sie kennen die mediativen Gesprächstechniken und können sie von destruktiven Gesprächsformen unterscheiden
- Sie sind bezüglich der grundlegenden Aspekte einer Mediationsausbildung orientiert

© Springer Fachmedien Wiesbaden GmbH, ein Teil von Springer Nature 2018
S. Proksch, *Mediation,* essentials, https://doi.org/10.1007/978-3-658-22980-1

Literatur

Besemer, Christoph: „Mediation. Vermittlung in Konflikten." Stiftung Gewaltfreies Leben, Baden 1999

Dschuang Dsi: „Das wahre Buch vom südlichen Blütenland". Eugen Diederichs Verlag, München 1969

Duss-von Werdt Joseph: „Homo Mediator. Geschichte und Menschenbild der Mediation". Klett-Cotta, Stuttgart 2005

Fleischner Kurt: „Systemische Aufstellungen" in Renate Hofbauer: Portrait eines Lebens, Wolfgang Amadeus Mozart 1756–1791, Neue Aspekte einer Sternstunde, Austria Imperial Edition 2004

Fisher Roger; Ury William; Patton Bruce: „Das Harvard-Konzept. Sachgerecht verhandeln – erfolgreich verhandeln." Campus Verlag Frankfurt / Main – New York 1988

Glasl Friedrich: „Konfliktmanagement. Ein Handbuch für Führungskräfte, Beraterinnen und Berater." Verlag Haupt, Bern 1999

Kleindienst-Passweg, Susanna; Wiedermann, Eva; Proksch, Stephan: „Co-Mediation". In: Handbuch Mediation, Reg 4, Kap. 7.1; Weka-Verlag GmbH, Wien 2011

Proksch Stephan: „Konfliktmanagement im Unternehmen. Mediation und andere Methoden für Konflikt- und Kooperationsmanagement am Arbeitsplatz." Springer-Verlag, Berlin Heidelberg 2014

Proksch Stephan: „Die Risiken eines Fluges ohne Co-Pilot oder ein Plädoyer für Co-Mediation." Erschienen in: Zeitschrift für Konfliktmanagement, Otto Schmidt Verlag, Köln 2016

Rubin Jeffrey; Pruitt Dean; Kim Sung Hee: „Social Conflict. Escalation, Stalemate and Settlement." McGraw-Hill Random House, New York 1994

Schwarz Gerhard: „Konfliktmanagement. Konflikte erkennen, analysieren, lösen". Gabler Verlag, Wiesbaden 2001

Simon, Fritz; Reichel-Simon Christel: „Zirkuläres Fragen. Systemische Therapie in Fallbeispielen: Ein Lehrbuch." Carl-Auer-Systeme Verlag, Heidelberg 2001

Simon, Fritz: „Einführung in die Systemtheorie des Konflikts." Carl-Auer-Systeme Verlag, Heidelberg 2010

Trenczek Thomas, Berning Detlev, Lenz Cristina: „Mediation und Konfliktmanagement". Nomos Verlag, Baden-Baden 2013

Zilleßen, Horst: Mediation. Kooperatives Konfliktmanagement in der Umweltpolitik; Westdeutscher Verlag, Opladen/Wiesbaden 1998

© Springer Fachmedien Wiesbaden GmbH, ein Teil von Springer Nature 2018
S. Proksch, *Mediation,* essentials, https://doi.org/10.1007/978-3-658-22980-1

Lesen Sie hier weiter

Stephen Proksch
**Konfliktmanagement
im Unternehmen**
Mediation und andere Methoden für
Konflikt- und Kooperationsmanage-
ment am Arbeitsplatz

2. Aufl. 2014, XIV, 144 S., 22 s/w-Abb.
Hardcover € 59,99
ISBN 978-3-642-35688-9

Printed in the United States
By Bookmasters